# 1歳からはじまる 困ったわが子のしつけと自立

## ベテラン先生が教える49の子育てノウハウ

滝沢武久［監修］
（元・大妻女子大学教授）
ことばと保育を考える会［編著］

合同出版

# 読者のみなさまへ

保育園や幼稚園の現場では、お母さんたちから、子育てに自信が持てない、子育てがうまくいかずどうしたらよいのか悩んでいる、うちの子の困った行動が手に負えない、といった声をよく聞きます。では、どんなことに困り、悩んでいるのだろうかと、育児中のお母さんを対象に、アンケート調査をしました。１５０近くの回答をいただきましたが、その結果、多くのお母さんが、同じようなことで悩まれているということが改めてよくわかりました。

この本では、同じ問題をかかえるお母さんたちの問題解決の助けになるようにと願い、お母さんたちの悩みのなかからとくに多かったものをとり上げて、どうして子どもはそういうことをするのか、お母さんはどうしたらよいのかをやさしくアドバイスしました。

## 親子の一体感を楽しもう

赤ちゃんのころは、おなかがすけばおっぱいやミルクを飲ませてもらえ、オムツが汚れればとり替えてもらって気持ちよくなります。いまの生活はあわただしさが増していて、親子のスキンシップもおざなりになりがちです。しかし、子どもはこうしてさまざまな場面でお母さんとスキンシップをとることで、母親との一体感を経験します。

親子の一体感は、赤ちゃんのころにもっとも豊かに育つ感覚です。この感覚は母親を信頼し、人や自分を信じる力を育てます。そして、これからの子育ての基礎になっていきます。

## ●自分で育つのを待とう

2歳、3歳ころになると、自分の感情や衝動、いろいろな身体機能をコントロールできるようになります。お母さんにとっては、子どものしつけにもっとも苦労する時期です。

しつけは子どもが早く何かができるようになるためだけにするのではありません。しつけを通して、子ども自身が自分の感情や衝動を抑え、体をコントロールできるようになることが肝心なのです。「教えるけれど、子ども自身で育つのを待つ」という育児を心がけたいものです。

## ●子どもの「イヤだ」を前向きに受け止めよう

赤ちゃんのころには何の問題もなかったのに、1歳半を過ぎるころになると、「イヤだ」「あっちへいけ」などと連発して、お母さんを困らせるようになります。でもそれは、子どもが自分の思いを主張できるようになった証拠です。順調に発達しているのだと前向きに受け止めてみましょう。

このように、子どもの困った行動のもとをたどれば、親の考え方、とらえ方を変えることで、かなりの悩みは解消できる、といえるのではないでしょうか。

この本で、そうした解決の考え方やヒントを提供してくださったのは、現在、保育園や幼稚園で活躍している経験豊かなベテラン先生たちです。具体的で的確なアドバイスが満載です。読者のみなさまにはこの本を通して、少しでも安心して子育てに取り組んでいただければ幸いです。

２００８年６月

ことばと保育を考える会代表　村田和子

# 1歳からはじまる 困ったわが子のしつけと自立

もくじ

ママ～ あの人 かみのけが ないね～
なんで～?
ズキーンッ
し～

いやっ
プイッ
イラ
イラ

# 第1章

# 生活習慣に関する「困った」

なぜなの Q.01

●夜寝るのが遅い

3歳2カ月と、1歳4カ月になるふたりの息子は、毎晩寝つくのが夜中の11時から12時と大変遅く、困っています。早めに寝かしつけようとしても寝てくれず、親のほうがまいってしまいそうです。

## 睡眠リズムを整える時期

生まれて間もないころは、一日の大半を眠ってすごしますが、昼夜の区別がまだなく、眠っているときと起きているときが短い時間で入れ替わり、ときには手がつけられないほど泣き続けることもあります。

4カ月ころから少しずつ長い時間眠れるようになり、2歳になるころには、昼起きて夜寝るという睡眠のリズムができあがっていきます。

寝かせることだけにこだわらず、昼間は日差しのもとで体を動かし、夜は部屋の照明を抑えて落ち着いた雰囲気をつくるなど、全体の生活リズムを整えることが、安定した睡眠リズムをつくることにつながります。

## こうしてみよう！

### ポイント1 早寝より早起きを

なかなか寝ようとしない子どもをむりやり寝かしつけるのは本当にたいへんです。でも理由は意外とかんたん、眠くないからです。

眠くないのは、朝遅くまで寝ていたり、一日の運動量が少なかったりして、子どもの生活リズムと親が望む就寝時刻が一致しないためです。そこで、まず早起きをさせることからはじめてみましょう。

前日寝るのが遅くなったとしても、翌朝いつまでも寝かせておかないようにします。起こす時刻を決め、その時刻がきたら部屋のカーテンを開けて外の光を取り込み、しっかりと目覚められる環境を整えてからやさしく起こします。

### ポイント2 体を使った遊びを午前中に

朝ごはんをすませたら、午前中いっぱいは、なるべく毎日外で体を使って遊ばせましょう。公園の遊具で遊んだり、砂場で砂いじりをしたり、家の周りを親子で楽しみながらぶらぶら散歩したりしてみましょう。

子どもの小さな発見や驚きをお母さんも共感をもって受け止め、コミュニケーションをたくさんとりましょう。外で思いきり体を動かせば、子どもには心地よい疲れとともに、心の満足感が残るでしょう。

### ポイント3 お昼寝は2時間まで

午前中、体をいっぱいに動かしたあとは、お昼寝をさせます。ただし、昼寝は長くて2時間まで、それ以上は必要ありません。また、眠くないときは無理に昼寝させることもありません。適度なお昼寝が、夜、早めに寝かしつけるコツです。

### ポイント4 夕食後は寝る準備を

夕食とお風呂をすませたら、寝る準備をはじめます。テレビやビデオなどは早めに切り上げます。興奮状態が続くと、子どもはうまく寝つけません。ゆったりとした雰囲気のなかで、だっこして絵本を読んであげたり、お話をしてあげたりします。それが終わったら「おやすみなさいしようね」とベッドに誘います。ときには添い寝をしてあげることも、子どもの気持ちを落ち着かせることにつながります。

大人の生活が夜型になるなかで、子どもの就寝時刻が遅くなるのもある程度はしかたのないことかもしれません。しかし、できるだけ大人のペースに子どもを合わせないようにして、規則的なリズムを根気強く繰り返していくことが、早寝につながるのです。

## なぜなの 02

### ●何をするにも時間がかかる

5歳になる娘は、何をするにも時間がかかり、やることがのんびりしています。大人が声をかけてきっかけをつくらないと動こうとせず、この先、集団生活でやっていけるのか心配です。

## マイペースでもやろうとする気持ちが大切

子どもたちを見ていると、ひとりひとりのペースがあり、せっかちな子、ていねいな子、のんびりしている子とさまざまです。また、5歳ころの子どもにはまだ、周りのペースに合わせて自分も何かするという意識はあまりありません。こうしたことから、のんびりしている子どもがよけいに「時間のかかる子」のように見えるのかもしれません。

しかし、この時期は人のペースに合わせることより、自分がいま何をすべきなのかがわかっていること、それをその子なりにやり遂げようとする意識を持たせることのほうが大切です。

## こうしてみよう！

### ポイント1 「できたね」を伝えよう

「お出かけの時間だからお片づけはじめましょうね」と声をかけても、「いま片づけてるところなのに〜」「ブロックで自動車つくったら片づけるもん」などというだけで、片づけはいっこうに進みません。ゆっくりゆっくり、いつ終わるのかわからないわが子のようすに、親はついイライラして、「早くしなさい」「そんなことしていたら間に合わないでしょう」「もう、おいていっちゃうわよ」と叱ってしまいがちです。

でも、子どもの立場になって考えてみると、そのように頭ごなしに叱られては、「よし、やろう」という気持ちにはなれません。また、行動がゆっくりしている子どもの場合、状況に応じて何かしようという意識自体がまだあまりないことも多いのです。

ですから、行動が遅いことを責めてもあまり効果はありません。それよりも「○○○が終わったね」「△△△もできたね」などと子どもの行動を大人がことばにしてあげ、さらに「じゃあ、つぎは何をしたらいいかな？」と声かけをして、子どもが自分自身の行動を意識できるようにうながしてみましょう。

### ポイント2 先回りして指示しない

子どもの行動が遅いと、「つぎはこれよ。それが終わったらこれよ」と、先のことをつぎつぎと指示したくなる気持ちはよくわかります。でも、それではいつまでたっても「それは自分ですることなんだ」という気持ちが育ちません。子どもが自分から「つぎは何をすればいいのかな？」と考えられる余裕をあげましょう。

### ポイント3 ときには区切りをつけてしまう

子どもが自分のやることをわかっている場合は、「時計の長い針が○になるまでに終わらせよう」とか、「お母さんのお仕事とどっちが早く終わるか競争してみよう」などと声かけすると、子どももゲーム感覚で楽しめます。

いつまでもぐずぐずしているときは、「あーあ、残念。きょうはおやつの時間ないね」「テレビ見られないね」などと、いってもかまいません。

子どもに泣いてせがまれてもあれこれ説明したりせずに、「今度は間に合うようにしようね」とひとことですませましょう。やれなくて残念・困ったなという経験を何度かしていくうちに、子どもはきっと、早くしなければという気持ちになっていくでしょう。

少しでもそんな気配が見受けられるようになったときは、たくさんほめてあげましょう。

# なぜなの 03

●好き嫌いが多い

3歳になる息子は好き嫌いが多く、2歳のときには平気で食べていたものまで残すようになって大変です。野菜にいたってはまったく食べてくれません。

## 自我と味覚の発達が好き嫌いのもとに

子どもは2、3歳のころ、食べ物の好き嫌いが顕著になることがあります。「それまで好き嫌いなんてなかったのに」と心配する声もよく聞きます。このころは、自我が芽ばえ、自分の思いやこだわりなどが出てくる時期です。好き嫌いが突然現れるのも、この時期特有の心の発達と関係しています。

また、このころから、甘いもの・しょっぱいものを好んで食べるようになり、苦いもの・酸っぱいものを嫌うようになります。ただし、ずっと食べられないわけではなく、幼いころから少しずつ慣れることで、だんだんと食べられるようになっていきます。

## こうしてみよう!

### ポイント1 徐々に慣れさせよう

子どもは、好きな食べ物が出れば一目散にかけよってきますが、嫌いな食べ物、苦手な食べ物には手を出しません。「食べなさい」といくらいってもむだです。器用に嫌いなものだけお皿の端によけて残してしまう子もいます。

2歳ころは、「イヤ」「嫌い」といっても、「そうか、苦手だよね?」「苦かった?」と子どもの気持ちを受け止め、「お野菜さんかわいそうだから、ママが食べるね。いっしょにひと口食べてみる?」と誘ってみます。

まずはつついてみるだけでもかまいません。それができるようになったら、つぎにひと口食べてみる。さらにふた口食べてみる。そうして徐々に食べられる量を増やしましょう。

それまで食べられなかったものが少し食べられた、また全部食べられたというよろこびは、嫌いなほかの食べ物も食べてみようという気持ちにつながっていきます。その子の好き嫌いを知り、その子に合った量からはじめましょう。

3歳ころになると、「よく食べたね」「かっこいいよ」「お兄ちゃん（お姉ちゃん）になったね」などとお友だちがほめられるのを聞くと、「ぼくも食べられるよ」とアピールするようになります。

### ポイント2 食べてみたくなるような体験を

好き嫌いは、テーブルの上だけでなくすものではありません。

午前中たくさん運動した子どもたちは、お腹が空くので嫌いなものも食べます。お友だちと仲よくなってよく遊んだ日も、お友だちのまねをしてよく食べます。反対に、悲しいことがあった日には、いつもはおかわりする子も食事を残したりします。

また、野菜が苦手でも、自分で栽培したり、調理したりすると、「おいしい」と食べることがあります。

それまでトマト嫌いだった子も、みんなで種から育てるうちに、収穫のときを待ちこがれるようになります。そして、ようやくとれたトマトを茎からもぎとってそのままパクリ。「嫌い!」といっていたのがうそのように「もう1個食べたいな～」と手が伸びます。こんな子どもの姿を見るのは、けっしてめずらしいことではありません。

苦手な野菜を自分で洗った。お母さんの手伝いをして包丁で切った。それだけでもよく食べます。

「食べる」とは、いろいろな思いも丸ごと食べるということなのです。嫌いなものを食べさせることだけにこだわるのではなく、それを食べたくなるようないろいろな体験をさせてみましょう。

## なぜなの
## 04

**●食べる量が少なくダラダラと食べさせてしまう**

3歳になる娘は「それだけで大丈夫？」と不安になるほど小食です。お友だちは「そんなに食べて大丈夫？」というくらい食べます。娘にはもっと食べてほしく、ついダラダラと食べさせてしまいます。

## 食べる量は個人差が大きい

少量でも満足する子もいればたくさん食べないとお腹が空いて泣き出してしまう子もいます。食べる量は子どもによってまちまちです。いつも少ししか食べない子どもが、あとで「お腹減った」「力が出ない」とぐずるということはあまりありません。

3、4歳のころの小食は問題がないものがほとんどですので、あまり心配する必要はありません。なかなか食べてくれないと、ついいつまでも食べさせてしまいますが、本当にその子は食べたがっているのでしょうか。子どもに合った食事の量を知って必要以上の時間をかけないことが大切です。

## こうしてみよう！

### ポイント1　少しでも食べきれたことをほめる

たくさん食べることだけを「よいこと」と思っていませんか？　でも、少し見方を変え、少ない量でも「食べきった」ら、それをもっと認めてほめてあげましょう。

「見て見て、ピカピカ」といいながらきれいになったお皿を見せてくれるときの子どもの顔は、何かをやり遂げたときの顔にそっくりです。食べる、食べきるということは、子どもにとってもうれしいことなのです。

食べきれたという経験が自信になって、「もう少し食べてみようかな」という気持ちが出てきて、少しずつ食べる量が増えていきます。

一度にたくさん盛りつけるのではなく、最初は少なめにして、おかわりを用意してみましょう。食べきれたよろこびで、子どもも食べることが好きになっていきます。

### ポイント2　頭と体をよく使うあそびを

頭や体を思いきり使って遊んだあとは「お散歩に行ったらお花がきれいだったよ」「鬼ごっこで3人つかまえたんだよ」と充実した顔で話しかけてきます。そんなときは、普段はあまり食べない子も「おなか減った」といって、よく食べます。

食べることだけにとらわれず、体を十分に使う遊びにさそったり、工作に集中させたりして、食欲がわくようにうながすのもよい方法です。

### ポイント3　生活リズムを整えよう

夜寝るのが遅くなれば、翌朝なかなか起きられません。起きてから朝食までの時間が短いと食欲が十分にわきません。

しっかり食べるためには生活リズムを整えることが必要です。睡眠時間、就寝・起床時刻、食事の時刻など、規則正しい生活を送っているか確認してみましょう。

### ポイント4　食べられることの喜びを教える

毎食、だらだら食べていては食事に興味が持てなくなって、そのうち一回食べなくてもお菓子があるし……、となりかねません。

たしかに現在は昔とちがい、食べたいときに自分の好きな物を好きなだけ食べることができます。しかしそれはある意味残念な時代なのかもしれません。飽食の時代だからこそ、食べることは生きるために欠かすことのできないこと、食べられることのよろこびを伝えましょう。

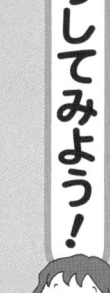

## なぜなの 05

●食事中に歩き回り手づかみで食べる

2歳の息子は食事中、ひと口食べては立ち歩き、遊び出します。「座って」というと戻ってきますが、すぐにまた遊びはじめます。スプーンがうまく使えず、手づかみで食べてしまいます。

### 食べることそのものが学びの時期

1歳を過ぎて歩けるようになると、食事中にテーブルの上にあがろうとしたり、立ち歩いたりすることが多くなります。また、一度に大量の食べ物を口に入れようとしたり、口に入れたものをわざわざ吐き出してまじまじと見たりします。そのころから大人の使うスプーンが気になり出し、自分もスプーンで食べようとしますが、最初はうまく食べられず、結局手でつかんで食べてしまいます。

しかし、子どもにとっては食べることそのものが学習なのです。食事のマナーより、まずは食べようとする意欲を尊重してあげましょう。

## こうしてみよう！

### ポイント1 食べる意欲を大切に

離乳食の後半になると、子どもは手づかみで食事を口に運ぼうとするようになります。しかし保育園では、それを無理にやめさせたりしないようにしています。食事のマナーを教える以前に、まず、自分で食べようとする意欲を大切にしたいからです。

最初のころは手づかみで食べていた子どもも、1歳ころになると、大人の使うスプーンに気づき、まねて持とうとします。「ぼくも使えるもん」とスプーンで食べようとしますが、実際にはうまく使えません。すると今度は、スプーンがお皿とぶつかる音に興味が移り、何度もカチカチさせはじめます。「お行儀悪いことしないの！」とつい叱ってしまいがちですが、まずはスプーンで食べようとしたことをほめましょう。

### ポイント2 ご飯をいっしょに食べてみよう

毎日3食しっかりと食べることで元気な体や安定した精神がつくられます。しかし、ただ食べればよいということではありません。現代人はいそがしく、家族そろってご飯を食べることもままならない状態です。

一日1回でもよいので、まずはお子さんといっしょにご飯を食べましょう。家族で食卓を囲めば、子どもは食べることが好きになるし、そのなかで食事のマナーについても楽しみながら伝えることができるでしょう。

### ポイント3 約束事を決めてきちんと守ろう

子どもが食事の途中で立ち歩くたび、ガミガミと注意しなければならず、お母さんは、食事が楽しくもおいしくもないことでしょう。

でも、保育園ではたいていの子がきちんと座って食べています。子どもたちにしてみると、園ではみんなで食べられてうれしい、友だちも座っているから自分もと思うのでしょう。

食事中に立ち歩いて困る、という場合には、「食事の前には、かならずトイレに連れていく」「手を洗っていすに座る」など、そもそも立ち歩かなくてもすむような工夫をしてみましょう。

また、4、5歳になったら、「立ち歩いたら食事は終わり」と決めてもよいかもしれません。もちろん間食もあげません。「かわいそう」と思っても、中途半端にすると子どもは余計に混乱してしまいます。

いちいち叱るよりも、このようにいくつか約束事を決めて、それを毎日続けることでしだいに食事のマナーを身につけさせます。叱るときは、よほど目に余るときにタイミングよく伝えるようにしましょう。

## なぜなの Q.06

**●トイレトレーニングが進まない**

2歳5カ月の息子は、まだオムツがとれずにいます。遊びに夢中になり、おしっこをしたままでいて、布パンツがびっしょりぬれてから泣き出して教える毎日です。どうすればいいのでしょうか？

## あせらず体の発達を待とう

「うちの子はまだオムツがとれないのはなぜ？」と悩むお母さんのお気持ちはよくわかります。しかし、トイレトレーニングは子どもの体の発達と無関係に進めることはできません。トイレでおしっこができるためには、ある程度おしっこをためられること、おしっこが出そうだという感覚がわかること、おしっこを出す筋肉をコントロールできることが必要です。こうしたことができるようになるのは、だいたい3歳ころだといわれていますが、かなり個人差がありますから、子どもの体の発達を待ちながら、あせらずトレーニングを進めていきましょう。

# こうしてみよう！

## ポイント1 失敗を責めないようにしよう

遊びに夢中になり、パンツがぬれてしまってから教えにきても、「あ、出ちゃったね」「今度は、出そうになったらトイレでしようね」などと優しく声をかけましょう。失敗を叱ったりすると、子どもはトイレでおしっこをすることにかえって苦手意識を持ってしまいます。

パンツがぬれていても「おしっこ出てない」といい張ったり、「こっちのパンツはイヤ」とダダをこねたりすることがあります。

大きくなりたいと思う一方で、不安な気持ちもあるからこそのことばです。子どもの不安な気持ちを理解し、「今度おしっこ出たくなったら教えてね」とさらりと受け流しましょう。

## ポイント2 時間を決めてトイレに誘おう

トイレトレーニング中は「おしっこ大丈夫？」「まだ出ないの？」とつい何度も声をかけてしまいます。しかし、あまり頻繁にトイレに連れていくと、おしっこがたまったら出すという感覚がよくつかめません。

このころの子どもが昼間おしっこをためておけるのは1～1時間半程度です。それに合わせ、食事の前、外出するとき、お風呂に入る前など、時間を決めてトイレに誘ってみましょう。

## ポイント3 トイレは楽しいところという雰囲気を

トイレは子どもにとってとても緊張する場所です。トイレで用を足すことは、子どもにしてみればはじめて経験することだからです。

「トイレでおしっこすることは楽しいこと」だと子どもが思えるように、大人が工夫することが大切です。

トイレに誘うときやトイレの最中は、常に笑顔で接するようにします。また、もしトイレでおしっこが出なかったり、床にこぼしてしまったりしても、責めないようにします。

子どもの好きなキャラクターの絵を貼っておくなど、トイレ自体を明るく楽しい雰囲気にしておくことも、子どもの緊張をやわらげるのに効果的です。

### トイレトレーニングが成功する 7つのサイン

1. 親のまねをする
2. 物を決まった場所に置ける
3. はい、いいえで意思表示ができる
4. トイレに関心を持っている
5. ひとりで歩ける、座れる
6. 「おしっこ」と伝えにくる
7. 自分でパンツやズボンを下ろすことができる

（アメリカ小児科学会の調査より）

## なぜなの Q07

**●おねしょがなおらない**

4歳の娘は、日中のおもらしもなくなり、ウンチもちゃんとできるようになったのですが、ときどきおねしょをしてしまいます。このままで大丈夫でしょうか?

### 昼と夜では排尿のしくみが違う

1歳を過ぎて歩けるようになるころには、脳が発達し、大人と同じようにおしっこがたまったことを感じられるようになります。ところが、夜眠っているあいだは脳も休んでいるので、そのあいだはおしっこがたまっても感知できません。

大人がおねしょをしないのは、おしっこの量を抑えるホルモンが大量に分泌されるからです。このホルモンの分泌量は睡眠リズムと深く関わっていて、成長とともに昼間は少なく、夜間に多く分泌されるようになります。子どもがおねしょをしてしまうのは、まだこのバランスが十分でないためなのです。

## こうしてみよう！

### ポイント1　無理に起こさない

幼稚園や保育園で、お母さん方からかならず出るのがオネショの心配です。でも、子どもが眠っているときのことなので、気をつけさせようとしてもどうしようもありません。

昼間のおもらしは3歳くらいまで、おねしょは4歳くらいまでであればまったく問題ありません。2、3歳ならオムツをして寝かせてあげましょう。夜中に無理に起こしてトイレに連れていく必要はありません。

4歳を過ぎてからでも、週2、3回程度なら気にすることはありません。5歳を過ぎても毎日おねしょをするという場合には小児科を受診してみるとよいでしょう。

子どものおねしょはしかたのないことです。あまり神経質になると、子どもが気にしてしまい、ほかのことにも消極的になってしまうことがあります。子どもが萎縮してしまわないように、温かく見守ってあげましょう。

### ポイント2　体をあたためよう

子どものおねしょはしかたのないことだとわかっても、あまり頻繁にするようでは、やはり気になってしまいますね。対策としては、できるだけ体をあたためてあげることです。

むかしは「日が沈んだら果物は食べてはいけない」といわれていました。果物には体を冷やす作用がありますので、これはおねしょを少なくするための知恵でしょう。

甘いお菓子も体を冷やし、腸のはたらきを鈍くして、おしっこの量を抑えるホルモンの分泌をうながすことができなくなってしまいます。冷たい物もひかえましょう。

そのほかにも、腹巻きやレッグウォーマーをつけて寝かせると、体が冷えるのを防ぎ、オネショを減らすことにつながります。

毎日おねしょをする場合は、寝る前に水分を取りすぎていないかチェックしてみましょう。夕食後にはできるだけ飲み物を飲まないようにして、寝る前にはトイレにいく習慣をつけましょう。

### ポイント3　叱らずほめよう

オネショするたびに叱られると子どもは自信をなくしてしまいます。自分はダメな子なんだと、トイレと関係ないことにまで消極的になってしまいます。「あー。おねしょしちゃったね。大丈夫だよ。着がえて気持ちよくなろうね」と声かけし、子どもが落ち込まないようにします。そして、おねしょをしなかったときには思いきりほめて子どもに自信を持たせましょう。

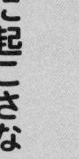

## 子育てコラム

### 子育てに自信がない。
### 責任の重さに辛くなることがある。
### 子育ての話し相手が少ない

はじめて母親になった人で、自信を持って子育てをしていると断言できる人はいないと思います。日々成長していくわが子と向き合って、とまどい、失敗し、子どもの機嫌がよかったらほっとしと、試行錯誤のなかで子育てをしています。

ひとりで子育てをしていると、行きづまってしまうこともあります。しっかりとした子育てをしなければと責任を感じるほど、その重圧に押しつぶされそうになることでしょう。そこから抜け出してみませんか？

**①子育てサークルや講座に参加してみよう**

子育てにひとりで悩まなくてすむように、地域の自治体では月１回広報誌を発行し、子育てサークルや、専門家による子育て講座を案内しています。日時、場所も明記されていますので、そうした場所に思い切って参加してみませんか？

何もしなければ、だれもあなたのところに行って苦境を救ってくれません。いまの状況から一歩踏み出す勇気を持ってください。とびらはたたけばかならずひらくのですから。

**②電話相談にかけてみよう**

電話で相談に応じてくれるところもあります。自治体の広報課に問い合わせてみましょう。

**③園の行事に参加してみよう**

子どもが成長すると、保育園や幼稚園に通うようになるでしょう。園のなかには、小さな行事やサークル活動をしているところもあります。

「価値観がちがう」「わたしは発言できない」「みんなについていく自信がない」と最初から決めつけないで、まずその輪のなかに飛び込んでみませんか？

# 第2章

# 親子関係に関する「困った」

## なぜなの 08

● 「イヤ」といって親のいうことを聞かない

2歳1カ月の娘がなんでも「イヤ」といって親のいうことを聞きません。着替えやおふろ、外出など、常に反抗的で、何をするにも時間がかかります。イライラしてつい怒ってしまいます。

### イヤは自立への第一歩

2歳ごろになると、子どもには「自分で・自分の思うままに動きたい」という意志が芽生えはじめます。それまで大人のいうことにすなおにしたがっていたのに一転して何に対しても「イヤ」を連発します。これは4歳ころまで続きます。

厄介ですが、お母さんを困らせようとしているのではありません。このころの「イヤ」は、自分というものを意識しだした印なのです。この時期を経て次のステップへと進むことができます。ひとりの人間として、自立への第一歩を踏み出したと思ってください。「イヤ」は順調に成長している証しで、むしろ喜ぶべきことなのです。

## こうしてみよう！

### ポイント1 「イヤ」に反応しすぎない

「おふろに入ろう」と呼びかけても服を脱がず「イヤだもーん」、脱がせようとすると逃げてばかり。「おふろに入るんでしょう」「入らないもーん」「いい加減にしなさい」お母さんのイライラはピークに。

けれども、この時期は大人の意のままにはならないぞ、自分にも考えがあるぞという時期です。子どもは「イヤ」といってみたいのです。無理やりさせようとするのは逆効果です。「イヤ」という言葉に反応しすぎないようにしましょう。

2〜4歳くらいの子どもの「イヤ」はその場限りのものがほとんどです。「イヤ」というときには、つぎに楽しいことがあるぞと思わせてみましょう。とたんに飛びついたりします。しかも、この時期は「自立」と「甘え」が共存する時期です。その日によってしたりしなかったり。大人は子どもの気持ちのゆれを察して上手につきあいましょう。

### ポイント2 子どもの気持ちを聞いてみる

子どもの「イヤ」には、理由なくとにかくいってみたいものときちんと理由があるものとがあります。「イヤ」といわれたら「そう、じゃあ、○○ちゃんはどうしたい？」と子どもの気持ちを聞いてみましょう。

また、人にいわれるのが気に入らない様子のときには、「○と△とどっちにする」と自分で選択させてみましょう。自分で選択したことに関しては「イヤ」とはいいません。

自分でやってうまくいかず、かんしゃくをおこすときには、そっと手伝い、自分でできたと思わせるのもコツです。

### それでも困った時には

基本的には、このころの「イヤ」には大人がつきあってあげたいものです。しかし、「イヤ」といわれても、落ちたらけがをする、ひとりで歩くと危険ということもあります。どうしても時間がないというときもあるでしょう。そういうときは、泣きわめいても無理やりいうことを聞かせるのもやむをえません。

ただし、少し落ち着いてから、子どもにもわかるように理由を話しましょう。

いつもは自分を尊重してくれるけれども、どうしてもダメなときは後から説明してくれる。そういう関係ならば「ママはいつもぼくのすることダメっていう」と不満に思うのではなく、「ぼくのことをわかってくれるママ。ママはぼくのことが好き。だけど今はとっても怒っていた。だからしかたないんだ」と理解できるようになるでしょう。

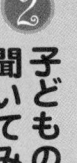

# なぜなの 09

## ●思いどおりにならないと大声で泣きわめく

娘はもうすぐ2歳になるのですが、自分の思いどおりにならないと、すぐにところかまわず大声で泣きわめいたり、ひっくり返ったりするので、とても困ります。どうしたらよいでしょう。

## ことばでいえず行動で表現する時期

2歳ころになると「自分はこうしたい」という意志がとても強くなります。しかし、まだことばでうまく自分の気持ちを表せないために、自分の話や行動がさえぎられたり、うまくいかなかったり、欲しい物が手に入らなかったりすると、わめく、ひっくり返る、たたく、けるといった行動で気持ちをぶつけてきます。

「こうしたかった」とか「あれが欲しい」と気持ちをことばで表現できるようになるのは3、4歳ころからです。

大人が気持ちをくんであげることで、少しずつ自分の気持ちをことばで伝えられるようになります。

## こうしてみよう！

### ポイント1 少しのあいだ泣かせてみる

あまり泣き方が激しいと周囲の視線も気になります。そこで、つい「泣かないの！」「お口でいいなさい！」と叱ってしまいます。けれども、ことばでいえないから泣いたりわめいたりするのです。早く泣き止ませようとして大声で叱ると、子どもを余計に興奮させ、火に油を注ぐ結果になります。

まずは、すぐに泣き止ませようとせずに少しのあいだ泣かせておきましょう。周囲の迷惑になりそうなら場所を移動するのもいいでしょう。

### ポイント2 気持ちを代弁してあげる

しばらく泣かせたら、「○○がしたかったのね」と子どもの気持ちを代弁してあげます。もちろんそれですぐ泣き止みはしませんが、お母さんに自分の気持ちをわかってもらえたことで少し落ち着き、その後のことばが耳に届きやすくなります。

さらに落ち着いてきたら、「○○ならいいけれどどう」とか「じゃあ、あと○回ね」と、そのときにさせてあげられることを提案したり、何か気分の変わることに誘ったりします。

もちろん、まだ幼いですから、それでも泣きやまないことのほうが多いでしょう。けれども、思いどおりにいかなくても「ママに気持ちをわかってもらえた」という経験が親子の信頼関係を育てます。また、見守られるなかで、子どもはだんだんとがまんすることを覚えていきます。

### ポイント3 泣き止んだときにほめる

思いきり自分の要求をぶつけ、おおいに泣き、怒ってはじめて、今度は自分で泣き止み、怒りを静めていく力がついていきます。

時間がかかっても自分で気持ちを切り替えられた、泣きながらでもがまんできた、少しでも相手のいうことを受け入れられた、などのときは「がまんできたね」とほめてあげてください。

### ポイント4 いいなりにはならない

子どもの気持ちを受け止めて、その気持ちを代弁してあげることは、子どもが自分で気持ちを立て直し、気持ちをことばで伝えられるようになるための手助けであり、子どものいいなりになることとは違います。

泣き止まないからといって「まったくもう、聞き分けがないんだから。しょうがないわね」と要求を聞き入れるのは、子どもの気持ちを代弁せず、突き放しながら結局いいなりになることです。子どもは気持ちのコントロールを学べず、いちばんよくありません。

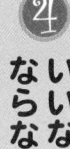

## なぜなの 10

### 「ダッテ」「デモ」といいわけする

6歳3カ月の息子は、友だちとけんかをしたとき、自分が悪いのに「ダッテ」「デモ」とすぐいいわけをします。謝るようにいうと、さらに頑固に意地を張って謝ろうとしないのでイライラします。

## 自分本位のとらえ方をする

大人は状況からどちらが悪いかを判断できますが、6歳ころの子どもには、よいことと悪いことをまだ客観的には判断できません。ですから、大人には自分本位に物事をとらえていますから、大人には自分勝手に聞こえるいい分も、本人にとっては当然のことなのです。いい分を聞いてもらえないまま、「謝りなさい」と強くいわれれば余計かたくなになるのも無理はありません。

一方で、自分が悪いとほんとうはわかっていても、興奮して気持ちを切り替えられなかったり、大人にいい分を聞いてもらえないのがくやしかったりして、なかなか謝れないこともあります。

# こうしてみよう！

## ポイント1　いい分を聞いてあげよう

「友だちのことたたいちゃダメでしょ」「ダッテ」「すぐ、そうやっていいわけするんだから。ダッテ、ダッテって言わないの！　あなたが悪いんだから謝りなさい」

泣き出すお友だちを目の前に、なんとかわが子を謝らせようとするお母さんは必死です。でも、こんなふうにいわれたらなかなか謝る気持ちにはなれません。

「だって、△△ちゃんがいやなことしてきて、何度もやめてっていったのに、ちっともやめてくれないんだもん」「ぼくは○○ちゃんと遊んでただけだもん」

まずは、それぞれのいい分をよく聞きましょう。「ダッテ」のなかにわかってほしい事実があるはずです。それをわかってもらえない不満が余計に子どもをかたくなにするのです。

自分本位のとらえ方であっても、まずはその子なりのいい分をいわせることが大切です。

## ポイント2　状況をいっしょに整理する

いいたいことをじゅうぶんにいわせたら、「そうだったの」と気持ちを受け止めてあげます。そのうえで、その結果どんな状況になったのかいっしょに整理してみます。何が問題だったのか、それぞれのいい分を尊重して、どのように妥協点を見つけていけばいいか、いっしょに考えてあげましょう。

相手のいい分を聞くことは、相手の気持ちを理解するための第一歩です。ただ謝らせて終わりにするのではなく、こうしたやり取りができるようにすることのほうがじつは大切なことなのです。

## ポイント3　無理に謝らせない

謝るタイミングをのがしてしまったとき、大人が「早く謝りなさい」と追いつめると、子どもはさらに謝りづらくなってしまいます。

親としてはその場できちんと口に出して自分が悪かったと、謝らせたいのですが、ここは子どもの気持ちを察してあげましょう。

本当は自分が悪いとわかっているのに意地を張っているな、と感じたら、あまり追いつめずにその場はいったんおしまいにして、相手の友だちには子どもに代わって「ごめんなさいね」と謝ってみせます。

そんなお母さんの行動を見た子どもの心には「悪かったな」という思いが残り、ふとしたときに「この前はごめんね」と自分からいえることもあります。そうしたときは、しっかりとほめてあげましょう。

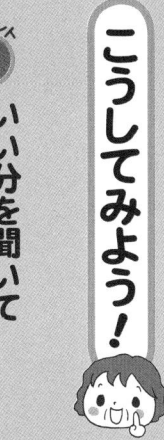

## なぜなの 11

### 「自分じゃない」とうそをつく

4歳6カ月になる息子は悪いことをしてしまったとき、妹がやったとか自分じゃないとかうそをつくことがあります。うそをつかせないようにするには、どのようにしたらいいでしょうか。

## 子どもがつく2つのうそ

子どものつくうそには2つあります。ひとつは、2、3歳の子どもが実際にはそこへ行っていないのに行ったといい張ったり、見ていないものを見たといってみたりするものです。まだ空想と現実の世界がきちんと区別されていないために、「行きたいなあ」「見たいなあ」という思いが強ければ強いほど、いつの間にか「行った」「見た」にすり替わってしまうのです。

もうひとつは、4歳を過ぎた子どもが正直にいえない何かがある場合につくうそです。そんな場合は、うそをついたこと自体よりもその原因は何かを考えることがまず必要です。

## こうしてみよう！

### ポイント1　空想と現実の混同にはおおらかに

小さな子が、空想と現実を混同して結果的にうそをついてしまうことはよくあります。「ああ、そうなんだ」とおおらかな気持ちで空想の世界をいっしょに楽しみ、子どもの気持ちを理解してあげてください。

### ポイント2　失敗をいいやすくしてあげよう

うっかり失敗してしまい「あら、どうしたの」と驚くお母さんの声に思わず、「○○ちゃん（妹の名）がやったの」。こんなとき、子どもは「お母さんに怒られる」「大好きなお母さんに嫌われる」という思いからついうそをついてしまうのです。

まずは大人が心を落ち着けて「これはどうしちゃったのかな」と子どもが失敗をいいやすい雰囲気をつくってあげましょう。

### ポイント3　うそでも受け入れよう

明らかにうそをついているとわかっていても、まずは心を落ち着けて「そう。○○ちゃんなの。困ったわね。いっしょに片づけてくれる」と子どものいったことを受け入れます。

「妹はまだ小さいから、そんなことするわけないでしょ」「あなたでしょう」「正直にいいなさい」「なんでうそつくの」とつぎつぎに問いつめていくと、子どもはほんとうのことをますますいえなくなります。

### ポイント4　正直にいえたらほめよう

自分のついたうそを信じてくれたお母さんに対して、子どもは子どもなりにお母さんをだまして悪いことをしたなあと反省しています。

時間がたってから「昨日のことだけど、あのね、ほんとうはね」と正直に話すことがあるかもしれません。そんなときこそ大事なときです。

「正直にいうことは勇気がいることよ。いえてえらかったね」とほめてあげましょう。そのぬくもりを子どもはいつまでも忘れません。

### ポイント5　ときにはうそをつくこともある

子どもはお父さんやお母さんに認めてもらいたくて必死です。しかし、いけないとわかっていても思わずうそをついてしまうこともあります。でもそうした経験こそ大切なのです。「お母さんは何ていうかな」「怒られるかな」「がっかりするかな」子どもの心が揺らぎます。そうした心の揺らぎが子どもの心の発達を促してもいるのです。いい子であることを求めすぎないということも大切です。

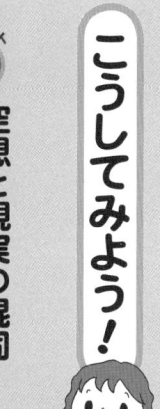

## なぜなの 12

### ●買い物のときにかならずおねだりする

2歳9カ月の息子は買い物に行くとかならず何か買ってもらえると思っていて、欲しい物の前でねだるので困っています。あまりうるさいので、いけないとは思いつつ、つい買ってしまいます。

## がまんを覚えていく時期

1、2歳の子どもには、お店に並んでいる品物がお金を払って買う商品であることはまだわかりません。色とりどりのおもちゃやお菓子が手の届く場所に並んでいるのです。欲しくなるのは当然です。

子どもにしてみれば、なぜ買ってくれないのか納得できないでしょう。それでも経験から、いくら欲しくてもがまんしなければならないときがあること、その代わりちゃんと買ってもらえるときもあることなどを学んでいきます。こうした経験を重ねることで、「買って、買って」とねだることもしだいに減っていきます。

## こうしてみよう！

### ポイント1　毅然とした態度で応じよう

「あきらめずにねだってれば買ってもらえる。だっていつもそうだもん」いつも最終的には要求を聞いてしまっていると、子どもはこうした間違った学習をしてしまいます。何を買うかを決めるのはお母さんであると、小さいうちから教えます。

「買いません」というとぐずって大変ですが、最初が肝心です。もう少し大きくなって聞き分けがよくなったらがまんさせようとしても、おねだりグセがついてからでは、遅すぎます。

大きな声で泣きわめかれると、しつけが悪いと思われるのではないかと恥ずかしくて、つい買ってあげてしまいたくなります。でも、あまりうるさいからと最後には折れて買ってしまっては、逆に「うるさく泣いたら買ってあげる」としつけているようなものです。周囲の視線はこの際気にせず、毅然とした態度で応じます。案外、周りの人は心の中で応援しているものです。

### ポイント2　買ってあげる機会も与える

物を買ってもらうことは、子どもにとって大きな喜びです。いつもダメばかりでなく、ときには好きなものを買ってあげましょう。前もって「今日は好きなものをひとつだけ買ってあげるね」といって選ばせてもらうのはとてもうれしいものです。

また、その子にとってそれがほんとうにずっと欲しい物だったら、いつ買うか約束して、いっしょに買いに行ってもよいでしょう。ずっと待っていてついに買ってもらえた喜びは大きく心に残ります。買ってもらえる満足感、信頼感があってこそがまんすることも覚えていけるのです。

### それでも困った時には

最近のスーパーやコンビニでは食材や日用品売り場の近くにお菓子やおもちゃが並べてあったり、レジ近辺のちょうど子どもの目の高さに、子どもにとって魅力的な品物が上手に置いてあったりして困ります。

「スーパーに行くと子どもにねだられるのに決まっているので、私はできるだけ小売店で買い物をするようにしています」というお母さんもいます。

なるほど、肉屋なら肉、魚屋なら魚、と小売店なら決めた物だけ買えばすみます。また、欲しい物をカートに次々入れていくのと違い、品物とお金をお店の人といちいちやり取りしているのを見て、子どもは「お金で物を買う」ことも理解していくでしょう。一度に買い物がすむスーパーは便利ですが、買い物の場所を選ぶのもひとつの方法です。

## なぜなの 13

### ●できないのにとにかく自分でしたがる

2歳8カ月の娘ですが、とにかく、なんでも自分でしたがります。まだできないことも多く、どこで待ち、どこで手助けやアドバイスをしたらいいか悩みます。

じっじぶんでできるっ!!
はら
はら
ほら〜おそでにおてて通ってないよ〜

### 自立と依存のあいだを揺れる心

2〜3歳にかけては、それまで何でも「お母さんといっしょ」だったのが、一変してひとりですることにおもしろさを見出す時期です。また、自分が「お兄ちゃん／お姉ちゃんになった」ということを自覚する時期でもあり、はりきって何でも「ひとりでひとりで」とやりたがります。

ただし、このころのやる気は気分次第です。気持ちが乗っている日はひとりでやりたがりますが、そうでないと親に頼ってきます。その心の揺れをうまくとらえて、手助けやアドバイスをしてあげましょう。

## こうしてみよう！

### ポイント1 多少できていなくてもほめよう

それまでお母さんに着せてもらっていた洋服も、お母さんの手元を見ているうちに自分で着てみたくなります。すると、お母さんが着せるなり「ダメー」といって、全部脱いで最初からやり直します。

そんなときは時間がかかってもまかせてみましょう。多少ボタンがちぐはぐでも、裏返しでも、ひとりで着られたことをほめてあげましょう。

大人の目からはうまく着られていなくても、子どもはできたとばかりに自信たっぷりです。この自信が後々、自分のことは自分でするという自立心を育てます。

「ほら、ダメじゃない。だからお母さんがやってあげるっていったでしょう」などととがめると、せっかくの自立の芽を摘んでしまいます。

また、せっかく芽ばえた自立心をうまくサポートするために、ひとりで着やすい服や環境を用意してあげることが大切です。

### ポイント2 頼ってきたときがアドバイスのチャンス

大人を頼ってきたときは、アドバイスのチャンスです。「できるところはやってごらん。できないところはお母さんが手伝ってあげるわね」といってさりげなく手伝ったり、アドバイスしたりして、「自分でできた」という自信を子どもが持てるようにしてあげましょう。

「いつもやりたがってるんだから、自分でやれるはずでしょう。やりなさい！」と突っぱねてしまうと、子どもは不安になります。いつでも甘えられると思えるからこそ、安心して挑戦できるのです。

### それでも困った時には

あきらかにできないことでも自分でやりたがることがあります。買い物のとき、重たすぎる荷物でも、「自分が持つ」と聞かなかったり、こぼすからダメといっても聞かず、牛乳を注ぎたがったりします。そんなときには、危険のない範囲で子どものいうとおりやらせてみましょう。

「やっぱり重かった」「こぼしちゃった」と失敗を体験させ、いまの自分にできることとできないことがあることに気づかせていくことが大切です。

ただし、明らかに危険というときは例外です。「これは熱いからお母さんがするわ」などとよくいって聞かせましょう。

また、急いでいて時間がないときなど、どうしてもまかせられない場合はしかたがありません。なぜやらせてあげられなかったのか後でゆっくり説明してあげましょう。

## なぜなの 14

**●落ち着かずじっとしていない**

2歳の息子は少しもじっとしていません。外に出かけると、ところかまわず走り回ります。遊んでいてもひとつのことに集中しようとせず、すぐに気を散らしてしまうのでとても心配です。

### 何にでも興味を持って動き回る

最近はマスコミの影響からか、子どもが少し活発だと「うちの子は多動では？」と心配される方が増えてきました。一方で、幼児教室が盛んになり、幼いころからじっと座っていることに慣れている子どももいるので「ほかの子は座っているのにうちの子だけ落ち着きがない」と不安になる方もいらっしゃいます。

しかし1、2歳では、何にでも興味を持ち、新しいものを見つけては近づいてさわるなど、ちょこちょこと動き回るのは自然な姿です。遊ぶときもあきずに何度でも繰り返すことがある反面、とても気が変わりやすいので、神経質になる必要はありません。

## こうしてみよう！

### ポイント1　いっしょに遊んでみましょう

この時期、あちこちに興味を持ち「なんだろう」とすぐにとんでいって手を出し、試してみるのも大切な経験です。無理にじっとさせず、子どもの好奇心を尊重しましょう。

ただし、ほったらかしにしておけばよいのではありません。ときにはその子が興味を持った物事を親がいっしょに見たりさわったりしてみましょう。そのときは、「こうしてみたら？」とか「これは○○よ」とすぐ口出しはせず、「ほんと、ふしぎね」「おもしろいわね」などと、その子の興味やおもしろいと思ったことを共有してみましょう。

ところかまわず走り回る場合は、エネルギーがあり余っているのかもしれません。家事などを早く切り上げて外に出かけ、たくさん歩いたり走ったり、いっしょに体を動かしましょう。

### ポイント2　ことばかけを工夫しましょう

元気よく動き回るのが好きなお子さんでも、ときには落ち着いて人のことばに耳を傾けさせましょう。機嫌がよく落ち着いているときに、近くでしっかり目を合わせながら「○○を置いて（持って）きてちょうだい」とかんたんな用事を頼んでみます。最初はいっしょにやってみせ、できたら「ありがとう」とよろこびます。

また、お皿ふき、タオルたたみ、野菜や果物のヘタ取りなどは手先に集中し、目的を持って行動する練習になります。あまり長くは続きませんが、いっしょに少しずつやってみましょう。

普段から「つぎは○○するよ」とあらかじめことばをかけてあげると、見通しがついて落ち着いていられることもあります。

### それでも困った時には

障害としての多動は「注意欠陥多動性障害（ＡＤＨＤ）」と呼ばれ、１、２歳児の自然な動きの多さとは質が違います。４、５歳になっても、何度注意してもたびたび高い所にあがったり、部屋から飛び出していってしまうなど、自分の行動をうまくコントロールできなかったり、つぎの行動へ移るときに、何をしようとして行動を起こしたのか、見ていてもその意図がよくわからないことが多かったり、じっとしているのが苦手で座っていても常にガタガタ体を動かしていたりする場合は、地域の子育て支援センターなどに相談し、専門の相談機関を紹介してもらいます。こうした子どもは日ごろから叱られがちですが、するとさらに落ち着きがなくなって悪循環です。ひとりで悩まず、専門家といっしょにその子に合った対応を探していくことが大切です。

子育てコラム

## 祖父母と私の教育観がちがい、孫を溺愛する。一緒に住む姑が内孫をひいきするので、子どもにとって祖母が逃げ場所になってしまう

おじいさん・おばあさんにとって孫ほどかわいい存在はありません。

子育ての経験もあり、子どもの育ち方についても見通しを立てることができるので、子育てに必死な親とちがって、ゆとりを持って孫に接することができます。子育てのさなかにいる親と祖父母では、教育に対する考え方もちがうのは当然のことではないかと思います。

とくにおじいさんは、自分が父親だったころには仕事が忙しく、子育てに参加できなかった分､孫を溺愛してしまうこともあります。溺愛の中身は｢孫のいいなりになる」ことでしょう。

欲しがるおもちゃを何でも買い与える、欲しがるままにおやつを食べさせるなど、母親として、どうしても譲れないことがあれば、2、3点にしぼって理由も話し、関わり方を変えてもらうように頼みましょう。その際、子どもが両親とはちがった愛情をもらっていることに感謝することも忘れないようにしましょう。それが、祖父母に受けいれてもらえる秘訣です。

祖父母にとって、内孫とはいつもいっしょに生活をしているのですから、かわいさも外孫以上のものがあるのはしかたがありません。そのことを理解した上で、それとなく話して改善してもらうといいですね。もし願ったことが実行されたら、「ありがとうございました」と気持ちを伝えることも大切です。

子どもは親のいうことを懸命にやろうとします。でも、いつもいつも親のいうとおりにできるとは限りません。そんなとき、おじいさん・おばあさんという逃げ場所があるのは、子どもにとってむしろ幸せなことだと思うようにしてみましょう。

# 第3章

# きょうだい関係に関する「困った」

# なぜなの 15

**●下の子が上の子のじゃまをする**

5歳の姉がお絵かきや粘土遊びをしていると、2歳の弟が割り込んで自分もやりたがり、結局、姉がつくっていたものをぐちゃぐちゃにしてしまいます。そのため姉弟げんかが絶えません。

## したがり屋さんの2歳

下の子には、上の子のすることが何でも魅力的にうつります。下の子が上の子のものを欲しがる、手を出したがるというのは、とても自然なことです。

2歳ころは、行動も活発になり、興味を持ったことはなんでも自分でやりたがる時期です。けれども、まだ手先が十分に器用ではないため、うまくできずに結局ぐちゃぐちゃにしてしまいます。

一方、上の子は、下の子の気持ちや行動をまだ理解できず、単純にじゃまをされたと思ってけんかになるのです。大人はふたりの気持ちをうまくくみ取ってあげましょう。

# こうしてみよう！

## ポイント1　同じ物や場を与えよう

「ダメ！」といって、上の子から遠ざけるのではなく、まずは下の子の、この時期に芽生えるおう盛な好奇心を大切にしましょう。「お姉ちゃんと同じことがしたかったのね。じゃあ、これを使ってここでしようか」と、下の子にも同じ物や場所を与えてあげます。

## ポイント2　いっしょに鑑賞しよう

とはいえ、何から何までいっしょにさせてあげられるわけではないでしょう。上の子と同じものや場所を与えることができない場合には、下の子を抱き上げてしまい、「お姉ちゃんのつくった○○○○、きれいね」などといって、下の子といっしょに鑑賞するのもいいでしょう。上の子に「弟は自分の作品に興味があるのだ」ということが伝わり、心の余裕が生まれて自然と「さわってもいいよ」という言葉が出てくるでしょう。勝手にさわらせるのと自分が納得してさわらせるのでは大きく違います。

そばにいる大人が「□□ちゃん、お姉ちゃんといっしょに遊びたいんだって。『いっしょにやっていい？』って」と下の子の気持ちを代弁してあげると、下の子は、どのようなことばを使って自分の気持ちを表現すればよいのかがわかっていくでしょう。

## ポイント3　わざとではないことを伝えよう

上の子には、弟や妹が手を出してくる理由を話してあげるといいでしょう。

「○○ちゃん（下の子の名前）は、まだうまくできないことでも、とにかく自分でしてみたい時期なんだ。それに、お姉ちゃんがすることは、なんでもすてきに見えるのよ。だから、つい手を出しちゃうのね」と、下の子が最初からじゃまをしようと思って上の子の物に手を出したわけではないということを説明しましょう。

でもその後に「だから、あなたはがまんしなさい」と説得するのではなく、「あなたの気持ちはよくわかるわ。でも、これだけはわかってあげて」と、あくまで下の子への気づきをうながす気持ちで話してあげましょう。

弟は、私のしていたことがすごいと思ったから来たんだな、手を出したんだな、とわかれば、気持ちに余裕が生まれ、下の子がぐちゃぐちゃにしてしまったという場合にも、「まあ、ゆるしてあげよう」と思えるようになるでしょう。

# なぜなの 16

## ●下の子を押したりたたいたりする

1歳になる弟がお気に入りのおもちゃで遊んでいると、3歳の兄は手加減せずに押したり、たたいたりします。やさしくするようにいいきかせても、すぐまた乱暴するので困っています。

## 弟の存在に好奇心とやきもち

1歳にもなると子どもは活発に動くようになります。すると、上の子は下の子の存在が気になり出し、反応を確かめようと押したり、たたいたりします。

一方、3歳前後の子どもは、まだ自分中心にしかものを見られないため、お兄さんらしく弟をかわいがったり、やさしくしたりといったことができません。さらに、弟が自分だけの世界に勝手に入りこんできたと思って乱暴してしまうこともあります。

お母さんが下の子ばかりかまっていると思い、上の子が下の子にやきもちを焼くこともよくあります。下の子に乱暴してしまう理由を考えてみましょう。

# こうしてみよう！

## ポイント1 叱らず お手本を見せよう

上の子が下の子を押したり、たたいたりするのは、下の子のことが気になっている証しで、そのこと自体はとても自然なことです。ただ、どのように接したらよいのかがわかっていないために、それが手加減なしの乱暴というかたちになってしまうのです。

　乱暴したことを叱る代わりに、「こういうふうに、いい子、いい子してあげてね」とお手本を見せてから、下の子の頭をいっしょになでてみたり、「かわいいね」と話しかけてみたりして、下の子に対する接し方を教えてあげましょう。

## ポイント2 受け入れるまで ゆっくり待とう

上の子にとっては、それまで自分が独り占めしていたところに下の子がどんどん入ってくることがなかなか受け入れられないのです。

　下の子への乱暴は、「お兄ちゃんになった」「お姉ちゃんになった」ということを自分に納得させるまでの葛藤の姿でもあります。すぐには受け入れられないようであれば、「○○ちゃん（下の子）泣いているよ。お兄ちゃんにたたかれて痛かったんだね」「お兄ちゃんに取られちゃって、○○ちゃん、びっくりして泣いちゃったよ」と上の子がやってしまったことで、下の子がどうなったのかを話してあげることも大切でしょう。

## ポイント3 上の子にも たっぷりと関わる

まだひとりで歩けないころは行動範囲も狭く、手間もそれほどかかりません。ところが、1歳くらいになって歩きはじめるようになると急に活発になり、お母さんの気持ちは、どうしても下の子に向かいがちになります。上の子はそれを敏感に察知して、下の子にやきもちを焼いて乱暴をすることが多くなります。「自分もここにいるよ」とアピールしているのです。

　上の子にも「（下の子と同じように）あなたのことも気にかけているよ」というサインを十分に送りましょう。下の子よりもなるべく多めに声をかけたり、下の子を抱いているときに近寄ってきたら「お兄ちゃんもいっしょにだっこしようね」とふたりいっしょにひざにのせてあげたりすると、上の子は安心して下の子に乱暴することが少なくなります。

## ポイント4 危険な行為は 具体的に指摘しよう

　危険なときには「押したら転んじゃうよ」「急に取ったらびっくりするよ」と、やったことがどういう結果になるのかを具体的に示してあげましょう。

# なぜなの 17

**●ささいなことで張り合ってばかりいる**

5歳の兄は、服の脱ぎ着や階段の昇り降り、おふろに入る順番、玄関に着く順序など、ささいなことで、どちらがいちばんかを3歳の弟といちいち競い合います。危ないことも多いので注意をするのですが、聞きません。

## 対等なきょうだい関係で競争心が強くなる

大人はつい「お兄ちゃんなのだから少しは譲ってあげればいいのに」とか「もう少しお兄ちゃんのことを敬ったらどうか」などと考えてしまいますが、子どもにとって兄弟は対等であって上下の関係にはありません。どちらかが何かを持っていればもうひとりもすぐに欲しがりますし、大人にとってはささいなことでも、子どもにとっては大問題なのです。

また、4、5歳の子どもには、まだひとりで熱中できる遊びがあまりありません。自分の好きなこと、自信を持てることが見つかれば、ささいなことでは競い合いをしなくなります。

## こうしてみよう！

### ポイント1 冷静に見守ろう

きょうだいのささいな競い合いは、成長とともに消えていきます。よほどのことがない限り、子どもたちがすることを見守りましょう。大人が騒ぎすぎると、かえって子どもたちが悪ふざけしてエスカレートすることもあるからです。けががないように見守りながら、少し時間がたったころに、「もう、気がすんだかな」と落ち着いて接しましょう。

### ポイント2 好きなことを見つけさせよう

きょうだいどうしの競い合いは、ひとりで熱中できるものを見つけると減っていきます。また、それぞれに得意なことがあると、お互いを尊重し合うようになってきます。競い合いばかりに目を向けるのではなく、それぞれが得意なところや好きなことを見つけられるように手助けしてあげましょう。

### ポイント3 年齢の違う子と交流させよう

幼稚園や保育園では、年下の子のお世話をしたり、年長の子に何かを譲ってもらったりといった機会がたくさんあります。そうした経験をすることで、自分のきょうだいにも、それまでと違う接し方ができるようになります。年齢の違う子との交流も大切にしてみましょう。

### ポイント4 危険なときや迷惑なときはしっかり叱ろう

冷静に見守るといっても、危ないときや、公共の場でほかの人に迷惑がかかるときなどには、やはり叱ることも必要です。「ダメでしょ」と怒るだけでなく、「そんなに押したら危ないよ」と具体的に示してください。

### ポイント5 けんかを予測して対策をとっておこう

一方で、これはけんかになるなと、大人が予測して、そうならないよう、きょうだいが興味をもちそうなものはあらかじめ2つそろえておくなど、予防策を講じておくことが大切です。

## なぜなの 18

**●長女がいちいち逆らってくる**

5歳になる姉がいうことを聞かず、すぐ母親をいい負かそうとしてくるので、こちらもつい感情がむき出しになってしまいます。3歳の妹は要領がいいので叱り方も軽くなってしまい、長女は妹にもライバル心を燃やしています。

早く片付けなさいって言ってるでしょ!?
イラ イラ
お母さんだっていつも食器洗いあとでするでしょっ 私もあとでやるの
キーーーッ
あっち いこっ
にゃっ

### 自分も認められたい

5歳ともなると、幼稚園や保育園で年下の子のお世話をする機会も増え、自信が生まれます。また、自分が姉だという自覚もだんだんと育ってくる年齢です。すると、自分もお母さんと同じように何でもできるのだと思い込み、お母さんと自分が対等であるかのように感じてしまうことがあります。

しかし、いくらできることが多くなったからといっても、やはりまだまだお母さんに甘えたいのです。それなのに「お母さんは私にばかり厳しくして、妹には甘い」という不満が、お母さんへのライバル心へと変化することもあります。

## こうしてみよう！

### ポイント1　がんばりを認めて励ます

「あら、○○ちゃん、こんなことをしてくれていたのね、ありがとう」などと、上の子の日ごろのがんばりを認め、感謝のことばをかけてあげましょう。お母さんから感謝されることで、子どもは自分のことを認めてもらえたと感じ、心もやわらぎます。

上の子に対しては反抗的な態度が目につくあまり、つい厳しく接してしまうものです。ふだんの姿をしっかりと見てあげてください。

### ポイント2　一呼吸おいてから応じよう

5歳ころの女の子は口が達者です。大人もかっとなって、ついつい感情的にいい返してしまいます。そこで、すぐにいい返そうとするのではなく、まずは一呼吸おいてみましょう。そして、「この子は私に認めてもらいたいんだな。だから、こんなふうに刃向かってくるのだな」と受け止めてあげられるようになるといいですね。

### ポイント3　上の子ともしっかり関わる

お母さんの目が下の子のほうにばかり向いていたり、下の子の叱り方が自分のときよりやさしかったりするのは、上の子にとってはやはりさみしいものです。お母さんへのライバル心や、反抗的な態度は、「私を見てよ」というメッセージの現れなのです。

「あれ○○ちゃん、こんなに早く着替えられるようになったんだね。いつの間にこんなにできたのかな。お母さんびっくりしちゃったな」など、日ごろの生活の場面で、子どもの成長を認める会話を増やすようにしましょう。そうすることで、上の子は「お母さんは自分のこともちゃんと気にかけてくれているんだ」と思って安心し、親子関係も次第によくなっていくことでしょう。

### それでも困った時には

女の子は成長が早く、とてもおませさんです。お母さんのこともよく見ていて、口調をまねたり、行動をまねたりします。それがよく似ているので、お母さんにとっては、まるで自分のクセや欠点を長女にあげつらわれているように思え、チクチクと心に刺さり、ときにライバルのような関係になってしまうのかもしれません。

お母さんが自身の欠点を含めて自分のことを好きになれるとよいですね。そうすれば、長女にまねされても「よく似てるね」「お母さん、そんなふうかしら？」と受け流せるようになり、長女とのライバル関係も自然に解消していくでしょう。

## なぜなの 19

### ●上の子が赤ちゃん返りする

下の子におっぱいをあげていると、上の子が横からだっこをせがんだり、いっしょにおっぱいを飲みたがったりします。おしっこも以前は自分から教えられたのに、それもしなくなってしまいました。

## 「自分もいるよ」のサイン

弟や妹の誕生は、上の子にとっては、突然主役の座をうばわれるのと同じことです。「どうしたら、もう一度自分が主役になれるのだろう」と子どもなりに試行錯誤していくなかで、赤ちゃんと同じように泣いたり、おっぱいを飲みたがったりすると周囲に注目してもらえることがわかります。

そうした「赤ちゃん返り」は、「もっと自分に注目してほしい」という気持ちの現れであり、子どもにとってごく自然な欲求です。まずはこうした「自分もいるよ」のサインを受け入れてあげることが大切です。

# こうしてみよう！

## ポイント1 まずは受け入れよう

「自分もいるよ」のサインが出てきたら、まずは受け入れてみましょう。「お兄ちゃん（お姉ちゃん）なのにそんなことしておかしいよ」などとはねつけずに、「よしよし」とおっぱいをあげてみてもいいのです。

　自分がふたたび主役になりたいという欲求とは別に、単純に自分も赤ちゃんと同じことをしてみたいという思いから赤ちゃん返りすることもあります。そんな場合は、何度か赤ちゃんのようにふるまってみるものの、子どもながらすぐそのおかしさに気づいてあっさり卒業することが多いのです。

## ポイント2 がまんすることを教えるいい機会

　赤ちゃん返りをまずは受け入れてみようと思っても、下の子の世話などでどうしてもできないときもあります。そんなときには、「いま、○○ちゃんにおっぱいあげているからちょっとまっててね」といってがまんしてもらうことももちろん必要です。子どもはこの経験を通して、相手の状況によっては自分の欲求がいつでも満たされるわけではないということや、自分と同じように大切にされる存在がほかにもある（弟や妹）のだ、ということを学んでいきます。甘えさせてもいく、がまんさせてもいく。両方とも大切です。

## ポイント3 周りの人の助けを借りよう

　お母さんがいつも下の子ばかりかまっているのは、やはりよいことではありません。かといって、お母さん一人で二人同時には面倒を見きれないということもよくあります。そんなときは無理をせず、周りの助けを借りましょう。

　おじいちゃん、おばあちゃんあるいはおじさん、おばさんなどが同居していたり近くに住んでいたりするようでしたら、どちらか一方の子のめんどうをその人たちに見てもらうのもよいでしょう。お母さんやお父さんだけでなく、いろいろな人が、自分のことを大切に思ってくれているのだということを子ども自身が感じる格好の機会にもなります。

### それでも困った時には

　近くに手助けしてくれる人がいないときは、自治体の窓口をたずねてみたり、子育てセンターなどに行ってみましょう。そこの職員さんがいろいろ相談に乗ってくれます。また、地域の保育園で園庭開放をしている場合もあります。定期的に通っていると、顔見知りのお母さんもでき、子どもの相談に乗ってくれたり、面倒を見てくれたりするママ友だちもできます。

あれ乗りた〜いっ
お兄ちゃんも観覧車でいいよな？
うん

## なぜなの 20

### ●上の子の気が弱い

上の子は男の子ですが気が弱いところがあります。下の子は女の子で、わがままですが、自己主張もきちんとできます。上の子にもっと強くなってもらいたいのですが。

## 気に入られたくて引っ込み思案になる子も

はじめての子を育てるときは、親も緊張しているので、子どものささいなことも気になり、干渉をしすぎてしまいがちです。そこで、長男や長女はどうしても引っ込み思案な子どもに育つ傾向があります。

ところが、つぎの子からは親に余裕が出てくるため、どんなことでもかわいく思えるようになります。そのため、下の子はのびのびとして、本来の姿をすなおに出し、自己主張もしっかりする子どもに育つ傾向が強いのです。

ただし、子どもはそれぞれ性格が違いますので、はじめての子がすべて引っ込み思案になるわけではありません。

# こうしてみよう!

## ポイント1 上の子へのことばかけを見直そう

親が子どものやることにいつも口出ししたり、否定的な態度をとったりするなど干渉しすぎると、子どもは自分のやることに自信を持てなくなり、自分のやりたいことを抑えてしまうようになります。

まずは、上の子に対して、どのようなときに、どのような声のかけ方をして、どのような内容の話をしているかふり返ってみましょう。それから、下の子の場合も同じように省みて、態度や口ぶりなどに違いがないか考えてみましょう。ひょっとすると、上の子には否定的なことばが多いかな? と感じることもあるかもしれません。

たとえば、上の子が何かをつくって見せにきたとき、「もっとこうすればよかったんじゃない?」「こうしてみたらどう?」ということばかけをしていませんか? これは一見子どものためを思った表現ですが、子どもの行動を暗に否定してもいます。すると上の子はその否定的なことばかけに敏感になり、なるべく何もしないようにしようと考えるようになります。それに対して下の子には「それ、おもしろそうね」「よくできたわね」と子どもの行為を肯定することばをかけることが多いのかもしれません。

## ポイント2 肯定的なことばかけを増やそう

まず、上の子にも肯定的なことばかけをしましょう。肯定的なことばをかけることで、子どもは自分のやったことやこれからやろうとすることに自信を持てるようになります。

たとえば、夕食後、子どもが自分からお茶碗を片づけようとしていたら、「あ、お兄ちゃん、お片づけありがとう」とほめてあげましょう。

肯定的なことばかけを増やすと、子どもの行動を肯定的に見ようとするようになります。すると、ことばだけでなく、上の子に対する態度まで肯定的なものに変わってきます。

こうしてお母さんが上の子を認めてあげられるようになると、その変化が徐々に子どもにも伝わって、自信を持って行動できるようになるでしょう。

## ポイント3 下の子への接し方も見直す

ふたりの子に同じように接していても、下の子には「まだ小さいから」「女の子だから」と本当なら叱るべきところで甘くなっていることはありませんか。そういうことに気づいたときは、「お兄ちゃんばかり叱っちゃったね」と反省のことばを上の子にかけましょう。上の子は「お母さんは、ぼくのことが嫌いだから厳しくしていたんじゃないんだ」と安心できます。

## なぜなの21

**●下の子が上の子を見下す**

4歳の弟は、2歳上の兄と同じことだけでなく、兄ができない逆上がりなどもできるので、兄を見下すようになってきました。兄を尊敬するようにさせたいのですがどうしたらいいでしょうか。

お兄ちゃん逆上がりもできないの〜？
よいしょっ

## 自分の基準だけで判断する時期

下の子にとって、上の子は大変刺激的な存在です。上の子が挑戦していることには何でも興味を持ち、自分もやってみようとします。たまたま自分にもできたとなると大満足します。

しかし、4歳というと、まだまだ自分中心に世界が回っていて、相手の気持ちまではわかりません。また、自分にはできなくて上の子にはできることがあっても、年齢が上だから当然と思っています。そこで、自分ができて上の子ができないことがあると、そこだけがクローズアップされ、上の子は自分より下だと思い込み、上の子のことをバカにしてしまうのです。

## こうしてみよう！

### ポイント1 上の子のできることをほめよう

この時期はきょうだいでささいなことでもどっちが上か、どっちが早いかで競り合い、ケンカが絶えません。上の子が下の子に「負ける」ことを気にしているようなら、上の子ができることをおぜん立てして、できたらほめてみましょう。

たとえば、夕ごはんを準備しているとき、「お兄ちゃんはお茶碗を出してちょうだい」などといって、上の子に手伝ってもらい、「ありがとう」とお礼をいいます。そして、下の子には別のことを手伝ってもらいます。そうすれば、きょうだいとも「お母さんのお手伝いをした」という達成感を味わうことができ、下の子は上の子のことを認めていくでしょう。

また、上の子に得意なことがあればそれをほめましょう。

たとえば、運動はあまり得意ではなくても、絵をかくのが上手であれば、親が上の子の絵をほめてあげて、下の子に「お兄ちゃん、絵じょうずね」といってみせることで、人にはひとつの物差しでははかれないいろいろな能力があって、ひとりひとりがお互いの能力をみとめ合うことが大切だということを感じることでしょう。そうすることで、下の子が上の子のことを見下すようなことは少なくなっていくでしょう。

### ポイント2 いろいろな面から評価しよう

「できる／できない」だけで子どもを評価するのではなく、やさしさ、ていねいさ、根気強さなど、いろいろな側面から子どものよいところを見極めてひとりひとりに接しましょう。お母さんが「どちらもかわいくて大好きだよ」という姿勢でいれば、きょうだいもお互いの違いやよさを尊重し合うようになるでしょう。

### ポイント3 家族で協力する場面をつくろう

大掃除やバーベキューパーティなど家族みんなで力を合わせて取り組めるイベントなどをおこなってみましょう。上の子に少し重いものを運んでもらったりして、「お兄ちゃんは力持ち」と下の子が思うようにするとよいでしょう。

また、「ちょっとお買い物に行ってくるから、ふたりでお留守番していられるかな」というのもいいかもしれません。

ドキドキしながらふたりでお母さんの帰りを待つことで、きょうだいのあいだにお互いをいたわる気持ちや支え合う気持ちが生まれるでしょう。下の子が上の子を頼りにすることで、下の子は「お兄ちゃん」に頼もしさを感じ、一方、上の子は「弟」を世話することで「兄」としての自信をつけていくことでしょう。

子育てコラム

## 子育てに対する母親どうしの価値観がちがいすぎて、おつきあいが面倒くさいと感じる

たしかにお母さんによって、価値観はちがうし、ちがう人の価値観に合わせるのは、自分を抑えなければならないこともあって疲れますね。そうした集まりに参加するのがおっくうになったりもすることでしょう。また、都市部の希薄な人間関係のなかで暮らしていると、どうしても母親どうしのおつきあいが苦手だと感じることも出てくるでしょう。

電車のなかでは静かにしていなさいと日ごろ厳しくしつけているお母さんには、子どもが靴をはいたまま座席に登っていようがまったく気にもとめないお母さんにはイライラさせられるでしょう。一方、子どもは少しくらい元気な方がいいと考えるお母さんにしてみれば、神経質なその叱り方が気になったりします。

でも、大切なことは、子どもがマナーを守れるように育てることです。そのためには、いろいろなお母さんとことばを交わして、マナーを守ることはどういうことかについて、共通認識を増やしていくことが大切です。

テレビゲームについても、お母さんどうしで意見の割れるところですね。基本的には、子どもに何を与えるのかは、それぞれの親が子どもの気持ちを受け入れながら決めることです。ただし、物質的に豊かになった時代、ほんとうに必要な物は何かを、親自身が賢く選択しながら生活をする必要があります。そして、それが子どものおもちゃ選びにも直結します。むしろ、しつけにとってなにより肝心なのは、購入を決めたのなら、その後どのようなルールでテレビゲームを楽しむかなのです。

# 第4章 友だち関係に関する「困った」

なぜなの

# 22

## ●友だちと遊ばずいつもひとり

3歳2カ月になる息子は、電車などのおもちゃで遊ぶことが大好きですが、いつもひとりで遊んでいます。このままでは、いつまでも友だちと遊ぶことができないのではないかと心配です。

## まずは一人遊びを十分に

保育園や幼稚園への入園が近づくと、わが子はほかの子といっしょに遊べないのではないかと心配する保護者の方から、たくさんの相談がよせられます。

「早く友だちといっしょに遊ぶようになってほしい」というお気持ちはわかりますが、自分の世界に入り込んで遊ぶことは、この時期の子どもの発達にとってとても大切なことです。想像力や創造力、集中力、工夫する力などが育ち、やがて「自分」という意識の芽ばえにつながるからです。そして、一人遊びを十分にするうちに、だんだんとお友だちのことが気になりはじめるのです。

# こうしてみよう！

## ポイント1 友だちへの気づきをうながそう

　一人遊びを十分体験する前に、ほかの子どもと遊ばせようとしても、うまくはいきません。ですが、ほかの子どもに関心が向くようなきっかけをつくることは大切です。

　たとえば、乗り物のおもちゃの取り合いになった場合には、「貸してあげなさい」と叱るのではなく、「○○君も電車が好きなんだって。××君（わが子）と同じだね」などと声をかけましょう。「自分と同じ物を持っている」「自分と同じ遊びが好き」ということがわかれば、その子どもを友だちとして意識しはじめるきっかけになります。

## ポイント2 話しやすい雰囲気をつくろう

　まだいっしょに遊ばなくても、じっとほかの子どもの姿を見ていたり、名前や持ち物などを覚えていたりすることがあります。友だちの存在を意識しはじめたということです。それは人との関わりの第一歩です。ぜひ子どもの話を聞いてあげましょう。

　ただし、無理に聞き出そうとしてはいけません。名前を覚えることだけに夢中になってしまったり、いちいち答えることを面倒がり、話さなくなってしまったりするからです。

　食事やおやつの時間には、テレビなどを消し、ゆったりとした、話しやすい時間と場所をつくりましょう。友だちの話が出たときは「○○ちゃんは元気な子なんだね」「△△君は絵が得意なんだね」というように、子どもの話を興味を持って聞いてあげてください。

　このように、子どもが自分から話してくれるようにうながすことで、ほかの子どもに対する関心が深まり、友だちと遊ぶ力が生まれるのです。

### それでも困った時には

　子どもは、親の関心をひきつけるために、「友だちがいない」ということがよくあります。

　保育園や幼稚園の先生とは、子どもの園でのようすを聞いたり、心配ごとがあるときは気軽に相談したりできる関係づくりを心がけましょう。多くの場合、先生の話を聞けばホッと安心できるでしょう。

　それでも心配なとき、たとえば、目が合わない、ことばが出ない、こだわりが強い、反復行動が目立つなど、「自閉症では？」とお悩みのときなどは、お住まいの地域の市・区役所に相談してみましょう。地域の子育て支援センターや、子どもの状態に適した相談先を紹介してもらえます。

　ひとりで悩んでいるよりも、専門家の意見を聞き、その子どもに合った対処をすることが大切です。

## なぜなの 23

●友だちからやられっぱなしで泣いてばかり

4歳になる息子は、友だちからぶたれたりけられたりしても、やめてともいえず、やり返すこともできず、泣いてばかりです。このままではいじめられっ子になってしまうのではと心配です。

### 人と関わる力を身につける時期

子どものいじめが社会問題になるなか、お母さん方は、「わが子がぶった・ぶたれた」ことにどうしても敏感になってしまいます。しかしそれは、「ほかの人と関わる力」を身につけるために、ぜひ必要な体験です。そして、幼稚園・保育園で集団生活を送る目的のひとつでもあります。「ぶった・ぶたれた」という体験をしながら、他者にも感情があることを知り、自分の感情をコントロールする方法や、他者とのつきあい方、関わり方を学ぶのです。「ぶった・ぶたれた」ことだけに注目せずに、子どもがそこから人間関係を学べるよう手助けをしましょう。

## こうしてみよう！

### ポイント1 体験と感情を結びつけよう

お友だちにぶたれたりけられたりすることではじめて、子どもは「お友だちをけると、けられた子は痛い思いをするんだ」「いやな思いをするんだ」ということがわかります。

ですから、大人は心配なのを少しだけがまんし、幼児期のじゃれ合いのような「ぶった・ぶたれた」を十分に体験させることが必要です。そうした体験を重ねた子どもは、人の痛みを知り、人を傷つけない大人に成長します。

### ポイント2 子どもの気持ちを代弁しよう

お友だちからぶたれたり、けられたりして泣いていたら、「痛かったね」と声をかけ、子どもから話し出すようにうながします。「だれにぶたれたの？」「どこをぶたれたの？」など、無理に聞き出そうとするのではなく、子どもの気持ちに寄り添って聞いてあげることが大事なのです。

乳児期には単純な「快・不快」の感情しかなかったのが、このころになると、心のなかにより複雑な感情が生まれはじめます。たとえば「不快」からは、悔しさ、悲しさ、孤独感といった感情が分化していきます。

ところがそれが何なのか、まだ自分では十分には理解できません。

そこで、子どもがぶたれたりけられたりしたときは、「悔しかったね」「悲しかったね」「寂しかったね」などと、子どもの気持ちを代弁してあげましょう。すると、自分の体験と感情が結びつき、子どもは感情を自分のものとすることができます。そうしてようやく「イヤだからやめて」とことばで表現できるようになっていくのです。

### それでも困った時には

いつもぶたれてばかりで発達の過程という程度を超えていると感じたときなどは、遠慮なく園の先生に相談しましょう。

子どもどうしのトラブルは、直接その子との関係だけではなく、周りの友だちとの関係で、関わりが変わることがよくあります。きのうまではやられっぱなしだったのが、ちがうお友だちと遊ぶことで、「いじめっ子」だった子と少し距離ができて事態がおさまった、などということはめずらしくありません。強い子どもに面と向かっていくことができなくても、ちがうお友だちと仲よくなれば、それだけで自信を持つこともあります。そして、自信がつけば、徐々に自分の思いを相手に伝えることができるようになります。

# なぜなの 24

## ●みんなのなかに入っていけない

3歳10カ月になる娘は、園の行事を楽しみにしているのですが、いざその場になると緊張してしまい、みんなのなかに入ることができません。情けなくて、つい怒ってしまいます。

## 緊張は成長の証拠

子どもは、3歳ころには集団で生活できるようになっていきます。しかし、いつもは明るく活発な子でも、運動会やお遊戯会などになると、普段とはちがう特別な雰囲気を感じ取って、突然緊張し、孤立してしまうことはよくあります。もともと人見知りをする子やみんなのまえに出るのが苦手な子などの場合はなおさらです。

しかし、はじめての場所や普段とちがう雰囲気のなかで緊張するのは大人も同じです。緊張とは人の心に備わった当たり前のはたらきです。子どもが緊張するのは、自分のことだけではなく、周りが見えてきたからこそです。心がしっかりと成長している証拠なのです。

# こうしてみよう！

## ポイント1 無理に参加させようとしない

普段は活発なのに、なにかいつもとちがうことがあると途端に緊張してしまう子どもはたくさんいます。人見知りする子どもや人前に出るのが苦手な子どもも、みんなのなかにうまく入っていけないことがあります。

そこで「またこの子はみんなといっしょにかけっこができないのではないか」とお母さんが心配していると、たとえそれをことばに出さなくても、子どもはそれを感じ取り、それだけで緊張してしまいます。無理やり入れようとしても逆効果で、なおさらいやがって入らないということがほとんどです。

「何でみんなといっしょにやらないの!?」「お母さんははずかしい」とくどくどといい聞かせたり、強引に引っ張っていき無理やり行事に参加させようとしたりしても、子どもにとっても保護者の方にとっても、まったく楽しくはないでしょう。子どもは、「行事はイヤなもの」と思ってしまうかもしれません。

むしろ「みんなのなかに入れるようになる日を楽しみに待つ」というくらいの心の余裕を持ち、まずお母さんがリラックスしましょう。

## ポイント2 いろいろな参加のしかた楽しみ方を認めよう

みんなといっしょに何かしていなくても、行事を楽しんでいないということにはなりません。自分がそこに直接参加しなくても、本人にしてみれば、離れた場所から見て楽しむという参加のしかたをしている場合があります。

行事が終わって家に帰ったら、「どうして入らなかったの」「次はきちんと入るのよ」などと叱らず、「今日は先生○○だったね」「××ちゃん走るのが速かったね」などと話してみましょう。その子なりの行事の楽しみ方を尊重し、行事を好きなままでいられるように、子どもが楽しんだことを共有してみましょう。

### それでも困った時には

ほかのことで自信がつくと苦手なことも乗り越えられることがあります。子どもは、自分が大きくなるということがとてもうれしいものです。子どもの育ちを感じたときには、小さなことでも子どもに伝えていっしょによろこびましょう。

また、仲よしのお友だちといっしょだと、子どもはとても心強く感じます。行事のある日は、いっしょに登園したり、前もって担任の先生に相談して仲よしのお友だちと同じグループにしてもらったりしてもよいでしょう。

なぜなの？

# 25

## ●仲よし三人組だったのに仲間はずれにされる

3歳の息子は幼稚園で仲よし3人組のひとりだったのですが、最近2人から仲間はずれにされてしまうことが多くあります。「入れて」といっても入れてもらえないので困ってしまいます。

### 子どもの友だち関係は変わりやすい

3歳のころは、まだ1対1の関係での遊びが基本になっているため、2人で遊んでいる子どものところに行って「入れて」といっても入れてもらえないことはよくあります。また、3人で遊んでいても、「○○ちゃんのはないも～ん」とだれかが仲間はずれにされてしまうこともあります。

ただ、この時期の子どもたちの関係はとても気まぐれで流動的なのが特徴です。遊びの終わりやグループ替え、そのときの子どもの気分など、さまざまなきっかけにより、子どもたちの関係はころころ変わるのであまり心配する必要はありません。

## こうしてみよう！

### ポイント 1 最初からいっしょにいよう

このころの子どもはまだ、自分が楽しく遊んでいるところにほかのお友だちをこころよく迎え入れるということができません。そのため、この時期の子どもにとって、すでにはじまっている遊びのなかにあとから入っていくのは非常にむずかしいことです。

そこで、歩いて通園している場合はなるべく遅刻しないようにして、できるだけ最初からみんなのなかにいられるようにしましょう。するとスムーズに遊びに入っていけます。

### ポイント 2 ちがうお友だちとも遊ばせよう

この時期のお友だち関係は、とても流動的です。あるときのお友だち関係がずっと続くわけではありません。

そこで、何かの拍子に仲間はずれにされてしまったときには、そのお友だちに固執するのでなく、ほかのお友だちを見つけて遊んでみたら？ とうながしてみましょう。仲間はずれにしたお友だちとはいったんはなれたとしても、いずれまたいっしょに遊ぶ機会ができることでしょう。

遊びの興味が似ていそうなお友だちの名前を出してみたり、お子さんが話したほかのお友だちの話題をふくらませたりすることも、お子さんの興味を新しいお友だちへ導くよい方法です。

「××くんもサッカーが好きなんだって」「○○ちゃんもお絵かきが得意らしいよ」などと話してみましょう。その子に興味がわき、遊びが楽しくなってくると、仲間はずれにされたことをいつまでも気にせずにすみます。

さらに、遊びが楽しくなると、ほかの子どもも入りたがるようになります。

こうして夢中で遊んでいるうちに、子どもたちの視野も広がり、人間関係の幅も広がります。大人はそのときどきのお友だち関係に一喜一憂せず、長い目で子どもをサポートしましょう。

### それでも困った時には

心配なことがあるときには、遠慮せず担任の先生に相談しましょう。子どもの園でのようすを把握するのに、子どもの話だけを頼りにしていては、どうしても情報が不足します。

園と家庭のあいだでの情報交換は、子どもの育ちにとってとても大切です。園では見えない、家でのようすを知ってもらうことで、先生が新たな気づきを得ることもあります。

先生に相談すれば、先生もいっそう気をつけて、気の合いそうなお友だちとグループや係をいっしょにしてくれたりします。そうすれば、新しいお友だちが見つかり、新たな自分の居場所も生まれることでしょう。

なぜなの

# 26

●友だち関係が親分・子分のよう

4歳5カ月の息子が仲よしのお友だちと親分・子分のような関係になっていて、いつもそのお友だちに命令されています。対等につきあってほしいと、相手が腹立たしいやら、わが子が情けないやら……。

野球やるから
バットとボールもってこいっ
はいっ

## 仲よしでも対等ではないこともある

この時期の仲よしは、大人が考える仲よしとは少しちがいます。大人は、対等な関係でないと不平等のように感じますが、このころの子どもにとっては、リーダーシップを発揮してくれる子についていくことが楽しい時期、楽な時期ということもあるのです。

大人の目にどのように見えるのかではなく、わが子はそのお友だちといっしょにいることで何を楽しんでいるのか、何を学んでいるのか考えたいものです。そしてそのような関係も、発達にしたがってかならず変わっていきます。私たちは、お互いの育ちを願うことのできる大人でいたいものです。

## こうしてみよう！

### ポイント1 楽しんでいることに共感しよう

周りをリードする子は、悪気があって命令したり、連れ回しているわけではありません。遊びをさらに広げるためにいろいろと提案したり、先頭に立って行動したりしているのです。

一方、周りにいる子は、その子にどんどんリードされることで、自分ひとりだったら味わうことのできない遊びを体験し、行くことのできない場所に行けるのです。周りの子どもにとってこんなに魅力的なことはありません。

しかし、それはまだ自分から遊びを見つけるのではなく、お友だちについて回ることで、いろいろな遊びや場所を知り、自分の世界を広げている段階ということでもあります。

ですから、大人はお友だち関係の不平等性にこだわるのではなく、子どもが、その子と遊びを楽しんでいることに注目して、その体験をどんどん聞いて共感してあげましょう。そうすることで、子どもは自分なりの遊び方を見つけられるようになります。

### ポイント2 自分で考え行動できるよう支えよう

人についていくことでいろいろな遊びを体験して満足した子どもは、今度は自分の意志で遊びたがるようになります。すると、それまでリーダーシップをとっていたお友だちをうるさがって距離をおこうとします。ときには子どもなりに悩んだりもします。

子どもが自分で何かしたがりはじめたな、と感じたときは、「それではなくて、こっちで遊んだら？」などと大人の意見を押しつけるのではなく、子どもの気持ちをよく聞いて、「おもしろそうだね」などと、子どもが興味を持って自分から取り組めるように支えてあげましょう。

### それでも困った時には

お友だちとの関係がつぎの段階へ自然と移行できればよいのですが、いつまでも親分・子分の関係がつづき、子どもが自分でその関係を変えられそうにない場合は、園の先生に相談してみましょう。

先生は、ほかのお友だちとも出会えるようにきっかけをつくってくれたり、不平等な関係を解消できるようにお友だちとのあいだに入ってくれたりします。

親としては、わが子もリーダーシップをとれる子に育ってほしいとつい願ってしまいますが、リーダーシップをとれることだけがよいことではありません。大切なのは、自分の気持ちを相手に伝えることができる力、相手の意見を聞き、折り合いをつけながら生きる力が育つことです。子どもの性格に合わせて、そうした力が身につくように支えてあげましょう。

## なぜなの?! 27

●友だちが傷つくようなことを平気でする

4歳5カ月の息子は、お友だちが傷つくようなことをいったり、すぐたたいたりして泣かせてしまいます。息子のせいで相手が登園をいやがるようになってしまいました。どうしたらなおるのでしょうか。

### 自己中心的で感情の表現も未熟なとき

4歳ころは身体的な発達がめざましい一方、自分の感情への気づきやその表現のしかたなどはまだまだわからない段階です。また自己中心的で、相手とどのように関わったらよいかわからず、思いどおりにならないとすぐに手が出てしまいます。

さらに、このころになるとことばの数がぐんと増えるとともに、「バカヤロー」「うるせー!」など汚いことばもどんどん覚えはじめます。ところが、汚いことばを使うと相手がどう思うかがわかっていないために、お友だちが傷つくようなことをすぐいってしまうのです。

# こうしてみよう！

## ポイント1 手を出した気持ちを受け止めよう

わが子がお友だちに手を出すのを目にしたり、相手が傷つくようなことをいうのを耳にしたりすると、親は相手やその親へのすまなさや恥ずかしさから、ついカッとなって「なんでそんなことするの！」「謝りなさい！」と頭ごなしに、叱ってしまいます。でも、興奮している子どもに対して、親も興奮してしまっては、子どもの心には、「怒られてイヤだった」という印象しか残りません。

まずは、お友だちに「ごめんなさいね」と謝ってから、わが子に対して「いっしょに遊びたかったんだよね」「入れてもらえなくて悲しかったんだよね」などと気持ちを代弁してあげ、その気持ちを認めてあげましょう。子どもはお母さんに自分の気持ちを認められたことで、少しずつ落ち着いていきます。

## ポイント2 相手の気持ちを伝えよう

子どもの興奮がおさまってきたら、「○○ちゃん、けられて痛かっただろうね」「バカっていわれて悲しかっただろうね」などと、たたかれたり、いやなことをいわれたりしたときのお友だちの気持ちを静かに話してあげましょう。

このような経験を積み重ねることで、自分がやられていやだったときの気持ちと、相手の気持ちを重ねて考えられるようになっていきます。

そして、いつも自分の思いが通じるわけではないということや、がまんしなければならないときもあるということ、お互いの気持ちに折り合いをつけなければならないことなどを覚えていくのです。

## ポイント3 体を使う遊びに誘ってみよう

本人も知らないうちにフラストレーションがたまっているのかもしれません。気分転換に体をいっぱいに使う遊びに誘って親子で楽しんでみましょう。エネルギーが発散され、充実感から気持ちがやわらいで、乱暴な言動がおさまることがあります。

### それでも困った時には

わが子の乱暴でお友だちのお母さん・お父さんから改善を求めるお願いが寄せられることもあります。そんなときは、ひとりで謝りに行ったりせず、まずは園の先生と相談してみましょう。

園によっては、園内でのできごとはすべて園で引き受けるという方針の所もありますし、相手のようすを見ながら、適切なアドバイスをしてくれる園もあります。

子育てコラム

## 仕事に追われて子どもと接する時間が少なく、子どもと向き合えていない。子どもの成長に影響するのではないかと心配になる

子どもにがまんできないほどの負担をかけてしまっているのでしょうか？

それともあなたが、子どものためにがまんをしすぎているのでしょうか？

いずれにしても、仕事が忙しく、子どもに接する時間が少ないことに悩んでいらっしゃるのですね。どのくらいの時間が持てるのかわかりませんが、子どもと接する時間は量ではなく、質が大切です。

お話をするときには、子どもの目をしっかりと見て、共感しながら聞いてあげます。いっしょに食事ができるときには、子どもの成長をほめながら楽しく食事をします。絵本を読んであげられるときには添い寝をしてあげます。短い時間でも、いっしょに過ごすなかで濃密で豊かな関わり合いを持つことができます。

ほんらいならば、国や企業が育児をもっと支援すべきなのです。これからの日本を背負ってくれる子どもたちを育てているのですから。少しずつそうなるように、力を合わせてはたらきかけていきましょう。家庭のなかでは、夫の、あるいはお互いの両親の協力をお願いしてみるなど、家族で真剣に話し合って、みんなが納得できる結論を、時間をかけて出すようにするとよいでしょう。

仕事をしているだけで、子どもの成長に大きなよくない影響を与えることはありません。多少ギクシャクすることはあっても、母親が懸命にはたらいている姿を子どもはかならず見ています。時間がとれたときは、保育園や幼稚園を休ませてでも非日常経験が大事だと考えれば、小旅行に出かけるのもいいものです。どうぞ自信を持って仕事と子育てを両立させてください。

# 第5章
# ことばに関する「困った」

## なぜなの 28

### ●幼稚園に入ってことばづかいが悪くなった

3歳の息子は幼稚園に入ってから、ことばづかいが悪くなりました。息子だけなら注意できるのですが、友だちのまねをして乱暴なことばを使ったときなどは、その場で注意できなくて困っています。

### 新しいことばは魅力的なもの

幼稚園や保育園に入って、いままで使わなかったことばを使うようになった、ことばづかいが悪くなったと感じることはめずらしくありません。

幼稚園や保育所には、さまざまな子どもがいます。兄姉がいる子も少なくないでしょう。周りに関心が出てきて、お友だちや年長の子が使っていることばがかっこよく感じ、まねして使うこともあります。

聞き慣れないことばに出合い、そのことばを使ってみることで、大きくなった気になったり、仲間意識が芽ばえたりなど、子どもにとって新しいことばとの出合いは、とても魅力的なものなのです。

# こうしてみよう！

## ポイント1 多少のことは大目に見よう

「おまえ」「ムカつく」「そんなの関係ねえ」。思わず眉をひそめたくなるようなことばを子どもはしばしば口にします。でも、子どもは聞き慣れないことばを使ってみたくて、意味もわからずに使っているだけです。

また、大人にとっては感心しないことばも、子どもにとっては仲間意識を高めたり、遊びを生き生きとさせたりするために欠かせない場合もあります。

ことばづかいが悪くなるのは、一過性のものなので、神経質になることはありません。多少ことばづかいが悪くても、そのことは大目に見て、それよりもお友だちと楽しく遊んでいることを見守りましょう。

## ポイント2 おだやかにさとそう

子どもが乱暴なことばづかいをすると、大人はハッとしますが、この時期の子どもはまだ自己中心的で、相手の気持ちまではわからず、自分が思ったことや感じたことをそのままいっているだけです。悪気があるわけではありません。そんなときは「そのいい方はよくないよ」「そんないい方したらイヤな気持ちになるよ」とはっきりと伝え、「そういうときには○○○っていったほうがいいよ」と正しいいい方を教えましょう。そして、よいことばづかいをしたときには、それを認めてあげましょう。

## ポイント3 子どもどうしでチェックし合える

5歳ころになると、自発的に正しいことばと悪いことばを区別できるようになります。幼稚園の年長クラスでは、悪いことばづかいをしたお友だちに対して、「そんないい方をしたらいけないんだよ」とほかの子が注意する場面がよく見られます。

年長の子が年少の子に乱暴ないい方をしたときも、ほかの年長の子が「そんないい方したら泣いちゃうよ。もっとやさしくいいなよ」と注意することもあります。

## ポイント4 ただしいことばづかいを心がけよう

最近、子どもに向かって「おい、早くしろっていってんだろ？」などと怒鳴っているお母さんをよく見かけます。まず、大人自身が子どものお手本になるように自分のことばや生活環境を見直しましょう。

もっとも身近な大人である親がただしいことばづかいをして、子どもに知らせていけば、子どもも自然と、相手や場面に応じてただしいことばを使いわけられるようになっていきます。

# なぜなの 29

## ●思いやりのない発言をする

4歳の娘は「キモイ」などとよくいうようになりました。また、「この人髪の毛ない」「この人嫌い」など、相手が傷つくことも平気で口にします。相手を思いやる心が欠けているのでしょうか。

## 思ったら口にせずにはいられない

4歳ともなると、自分の意思をことばでしっかりと表現できるようになるので、とてもおしゃべりになります。一方で、頭のなかで整理してから話すということがまだできないので、思いついたことをそのまま口にせずにはいられません。耳に入った大人のことばは盛んに使おうとします。変わったことばや感情的なことばが強く印象に残るのでしょう。

また、このころは、まだまだ自己中心的で、自分の思いや立場からしか物事が見えていません。自分の発言で、相手がどんな気持ちになるかということがわからないのです。

## こうしてみよう！

### ポイント1　子どもの話に耳を傾けよう

気になる発言があっても、まずは子どもの話に耳を傾けましょう。子どもがなぜそういったのかがわかります。

「この子、変な顔！」などという子どもに対して、「そんなこといったらダメでしょ！」と頭ごなしに叱ると、子どもはかえって反発して注意されたことを受け入れようとしなくなります。

叱りたい気持ちをぐっとこらえて、穏やかな声で「どこが変だと思ったの？」とたずねてみましょう。すると「だって、鼻水が出てて汚いもん」などと答えが返ってきて「ああ、そうか、鼻水が出てて汚いから変だと思ったんだ」と、お母さんは子どもの発言の理由を知ることができます。

### ポイント2　会話を通して修正しよう

いまの世の中は造語や流行語、隠語などであふれかえっています。ですから、子どもにはあまり使わせたくないことばも、どうしても子どもの耳に入ってしまうようになりました。

子どもはまだ善悪の判断ができないので、大人が使っていることばは何でもまねしてみたいし、使ってもいいとも思っています。まねをすると大人から反応があるので、いっそう使うようになります。

「うるさい！　あっちいけ！」「おまえのがいい！」などと口にしたときには、「うるさいとなにがイヤなの？『○○しないで』っていったほうがわかってもらえるよ」「お友だちのおもちゃを使いたいときは『○○ちゃんのおもちゃかして』っていいましょうね」などと会話しながら、子どものことばを修正します。

4歳ころの子どもは、自分のいいところ、できるようになったところを認めてもらいたいという気持ちが強いので、子どものことばを修正するときは、悪いところを指摘するばかりではなく、いい直しができたことをほめるようにします。

### ポイント3　相手の気持ちに気づかせる

子どもは自己中心的で、なかなか相手のことがわかりません。

「お母さんがそんなこといわれたらイヤな気持ちになっちゃうな」「○○ちゃんがそんなふうにいわれたらどう思う？」と相手の立場で物事を考えるようにうながしてみましょう。

幼稚園や保育園でも、子どもどうしで注意し合うようになります。お友だちとの関わりのなかでも注意したりされたりしながら、少しずつ相手の感情の存在に気づき、人を思いやる心が育っていくでしょう。

## なぜなの30

### ●幼稚園であったことを聞いても教えてくれない

4歳の息子は幼稚園でのできごとを聞いてもなかなか話してくれません。お友だちは幼稚園であったことをよく話すというのに、どうしてうちの子はできないのでしょうか。

幼稚園でなにして遊んだの？
・・・
（なんで なにも 話してくれないのかしら？）

## 記憶が断片的にしか残らない時期

はじめての集団生活。お友だちと遊べているか、ひとりで泣いていないか、など心配の種はつきません。しかし、子どもに聞いても何も答えてくれない。なぜ答えてくれないの？　とますます心配になってしまいます。

しかし、まだこの時期の子どもの記憶力は弱く、過去のことと現在のことがごちゃまぜになったり、お友だちがしたことなのに自分のしたことになってしまったりと、断片的でまとまりのないイメージとして頭のなかに残りがちです。そのため、子どもは時間をさかのぼって考えることが苦手で、「過去」のことを聞かれても答えられないのです。

# こうしてみよう！

## ポイント1 楽しかった思い出は記憶に残る

「幼稚園で何をしたの？」という質問に答えるためには、幼稚園でのできごとを時系列的に覚えていなくてはなりません。大人にはそれができますが、子どもの場合、そのときに関心があったことだけがイメージとして頭のなかに残るため、記憶は断片的で、すぐに忘れてしまう夢のようなものになってしまうのです。

つまり、子どもはいろいろな体験をすべて覚えているわけではなく、そのなかで、子ども自身が興味や関心を持って自分から自発的に取り組んだもの、また自分自身で発見したり、達成感などの感動を得られた体験だけがはっきりと記憶されるのです。

ですから、「幼稚園で何をしたの？」という質問は、子どもには漠然としすぎていて答えるのがむずかしいのです。

## ポイント2 具体的に質問しよう

子どもは楽しかったことや驚いたことなど、強く印象に残ったことなら時間がたっても思い出すことができます。そこで「幼稚園で何をしたの？」とあいまいにたずねるのではなく、「今日は○○ちゃんと遊んだの？」と友だちの名前を入れて聞いてみたり、「ブランコに乗った？」「お砂場で何をつくったの？」など、子どもが思い出せそうなことを具体的に質問してみましょう。

そうすれば、子どもは、そのときの状況を答えやすくなります。

## ポイント3 質問攻めにしない

子どもは断片的なイメージで話をするので、矛盾していたり、つじつまが合っていなかったりすることもあります。そうしたときに、子どもを質問攻めにするのはやめましょう。子どもがお母さんと話すのは楽しいと思うことが大切です。

子どもが話したことはそのまま受け止めるのではなく、「あれ？」と思ったときには、担任の先生にお話を聞いて、話の前後関係を教えてもらうとよいでしょう。

## ポイント4 先生から情報を補う

幼稚園でどんなようすでいるか、どんなことがあったのかなどについては、先生やお母さんどうしの情報交換で補います。そのときに得た情報は、子どもに話を聞くときの手がかりにもなるでしょう。

子どもは、「いま」「目の前のこと」しか考えられません。子どもと話すときには、そのとき、いっしょに見たり体験したりしていることを話してみましょう。

## なぜなの 31

### ●けんかの理由を聞いたら黙り込んでしまう

3歳の息子は友だちといざこざを起こすことも多くなってきました。「どうしたの」と聞くと、黙り込んでしまいます。叱られると思うからなのか、説明ができないからなのかわかりません。

### 原因と結果を結びつけられない

3歳児は自我の芽ばえの時期です。ひとりひとりのしたいことがはっきりしてくるので、それをお互いに主張し合ってけんかになります。

しかし、お母さんに「なんでやったの？」と理由を聞かれても、なかなか答えられません。3歳のころは過去のことをあまり覚えていられない上、できごとを個別にとらえるので、原因と結果のように、できごとの関係性を考えることができないからです。

さらに、理由を聞き出そうとついお母さんの口調が強くなってしまうと、子どもは叱られていると思って、いっそう何もいえなくなってしまうのです。

# こうしてみよう！

## ポイント1 穏やかな声で冷静に話しかけよう

質問に子どもがなかなか答えないと、大人はイライラして「何で何もいわないの！」と声を荒らげてしまいがちです。すると子どもは叱られていると思って、かえって黙り込んでしまいます。

まず一息ついてから、子どもの気持ちに寄り添い、穏やかな声で話しかけましょう。お母さんはいつでも自分のことをわかってくれているという安心感が必要です。

## ポイント2 気持ちを受け止めてあげよう

子どもは「何があったの？」「どうしてそうなったの？」「それでどうなったの？」といろいろとつぎつぎ聞かれてもかえって混乱してしまいます。

質問に何も答えないときには、むりやり問いただそうとはせず、その子の思いを察し、共感してあげてください。

とくにけんかをした後は、気持ちの整理がつかないでいることも多いものです。そんなときは、「悔しかったね」「悲しかったね」と子どもの気持ちを代弁してあげます。すると子どもは安心し、印象に残っていることを少しずつ話しはじめるでしょう。

## ポイント3 状況を説明してあげよう

お母さんがトラブルの原因を知っている場合には、「○○ちゃんが□□ちゃんのおもちゃを取っちゃったから、□□ちゃんが怒って○○ちゃんのこと、たたいてきたんだと思うよ」などと、原因と結果をお母さんが結びつけてあげることも必要です。

また、子どもが「やだー！」などとかんしゃくを起こしたときは、「何がイヤなの？」「積み木がぐちゃぐちゃになっちゃったんだね。何つくりたかったの？」「新幹線つくりたかったけど、積み木がぐちゃぐちゃになってイヤだったのね。何でぐちゃぐちゃになっちゃったのかな？」「この積み木が落ちて新幹線がぐちゃぐちゃになっちゃったのね」などと、子どものことばを解きほぐしてみせ、状況に合ったことばを話せるように手助けしましょう。

## ポイント4 先取りしすぎはやめよう

子どもが自分のことばで考えたり、答えようとしたときには、自分の思いや考えを自分のことばでいえるように、お母さんは待ってあげ、子どもの話を先取りしないようにしましょう。

先取りばかりしていると子どものことばは豊かになりませんし、物事の関係性をはっきりとらえる力も育ちません。お母さんと子どもがいつでも自由に話せる雰囲気をつくるようにしていくことが大事です。

# なぜなの 32

●発音が悪い

4歳の息子は発音が悪く、家族には理解できるのですが、ほかの人には、何度か問いなおされたり、おやっという顔をされたりするので、家族以外とはあまり話したがらなくなってしまいました。

## 家族以外との会話が発音のレッスンに

たまに会うおばあちゃんにわかってもらえず、何度も聞き返された。「せんせい」というところが「しぇんしぇい」になってしまい、お友だちに赤ちゃんことばを指摘された……。

お母さんは、子どもの発音を聞き慣れています。そのため、家族以外の人の反応を見て、子どもの発音の悪さが気になりはじめることもめずらしくありません。

しかし、4歳ころは表現することによろこびを感じはじめ、とてもおしゃべりになる時期です。

子どもの発音のどこが悪いのか、なぜ悪いのか検討して、それに合わせた対応をしていきましょう。

# こうしてみよう！

## ポイント 1 たくさんおしゃべりをさせよう

少々発音が悪くても、このころは子どもがたくさんおしゃべりできるように心がけましょう。楽しかったこと、おもしろかったこと、不思議に感じたこと、悲しかったことなど、五感を使って体験したことを子どもはだれかに伝えたくてしかたがないのです。

おしゃべりをすることで、子どものなかでことばの音《おん》とそれが意味するイメージが確かなものとして結びつき、つぎのおしゃべりの土台になっていきます。

ですから、おしゃべりをするときには、子どもが一方的に話すのではなく、大人が具体的に質問したり、子どもがいったことばを周りの大人が正しいことばで返してあげたりしながら、キャッチボールのように会話をすすめるとよいでしょう。

子どもの発音に誤りがあった場合は、大人が正しい発音をしてみせるようにしましょう。このとき、発音が悪いことをとがめると、子どもは萎縮してあまり話したがらなくなりますので、子どものことばを繰り返すなかで自然と正しい発音を聞かせるようにします。

## ポイント 2 大人の赤ちゃんことばに気をつけよう

よくおしゃべりしているのに、それでも赤ちゃんことばが気になるようでしたら、お母さんやお父さんなど周りの大人が、知らず知らずのうちに赤ちゃんことばを使って話しかけていないかふり返ってみましょう。

大人が子どもの年齢を考えて赤ちゃん扱いをやめれば、子どもの発音も正しくなっていくでしょう。正しく発音できたときはよくほめ、発音を意識させましょう。

## ポイント 3 話す筋肉をつけよう

正しい発音には、顔や口の筋肉の発達が必要です。ストローで上手に飲む、よくかんで食べる、口を閉じて鼻で息をするなどを心がけましょう。

### それでも困った時には

サ行と夕行の発音が区別できないといった場合でも、たくさんしゃべってうるさいぐらいならば自然になおってしまうこともあります。また、正しい発音を教えてあげればなおることもあります。6歳ころになり文字を読めるようになると、文字とちがう自分の発音に自分で気づく場合もあります。

しかし、自分でも発音がおかしいことに気がついているのになかなかなおらないときは、専門機関に相談してみてもよいでしょう。発音のしかたを教えてもらうことでなおる場合があります。

なぜなの？33

●三人きょうだいの真ん中がおとなしい

上の子も下の子もよく話をしてくれるのですが、中の子はあまり話しません。たまに話しても、聞いたことに対して「うん」などと返事をする程度です。もう少し話をしてくれるといいのですが。

## 話さなくても話を理解できていれば大丈夫

あまりにおとなしいと「うちの子はことばが遅れているのではないか？」とつい心配してしまいますが、「話しかけられれば関心を持って聞く」「話の内容を理解する」「ほかの子と同じように行動する」「状況に応じて行動する」といったことができれば、とくに問題はありません。

真ん中の場合、上や下の子に親の関心が集中してなんでも後回しにされがちで、親子の会話といえば叱られるときだけ、ということにもなりがちです。親がどんな関わりをしているのか、ふり返ることも必要です。

## こうしてみよう！

### ポイント1 話すきっかけをつくろう

きょうだいがしゃべっているとき、中の子の話の聞き方に注目しましょう。会話に参加はしていないけれども、そのやりとりをじーっと見ているのなら、会話の内容に関心を持っているということです。

しかし、普段話をする体験がほかのきょうだいより少ないのですから、うまく話しはじめられるように、なんらかのきっかけや大人の手助けが必要です。

そこで、「お兄ちゃんはこういっているけれど、あなたはどう?」と聞いて、話すきっかけをつくってあげましょう。

きょうだいとお互いに声に出してことばを交わしながら自分の思いや考えを伝えることで、自分の考えがさらに整理されていきます。

こうしたやりとりを繰り返すことで、だんだんいろいろなことを話してくれる子どもに成長していくのです。

### ポイント2 子どもの存在を認めよう

話さないと、ついその場にいないかのように扱ってしまいがちですが、「そこにいて会話に参加している」ということをお母さんが積極的に認め、話すきっかけをつくるなど雰囲気づくりをしてあげましょう。そうすれば、子どももたとえ話さなくても、自分が疎外感を抱くことがなくなり、何かのきっかけで話し出すようになるでしょう。

お誕生日会など、中の子が中心になるようなイベントをひらくのもよいでしょう。また、子どもの得意なもの、興味関心のあるものなどについて、お母さんが意識的に話題にし、本人や周りのきょうだいに、そのことについていろいろと質問してみましょう。それがきっかけとなって周りとおしゃべりができるようになることもあります。

いずれにしても、「この子はしゃべらない子」と決めつけないようにしましょう。子どもがなかなか話さないのは、話す体験がほかの子より少なかっただけです。子どもの存在を認め、いろいろな場面で話す機会を意識してつくってあげましょう。

## なぜなの34

### ●ことばや行動がほかの子より遅れている

3歳の息子の遊んでいるときや園でのようすを見ていると、ほかの子よりことばや行動の遅れが気になります。いつか同じになると自分にいい聞かせていますが、不安がつのります。

## 発達にばらつきがある年齢

このころの子どものことばは、体験の差によって発達にばらつきが生じます。核家族、一人っ子、高層マンション生活など大人にとっては合理的な暮らしが、子どもに受身的な生活を強い、結果的に体験の幅を狭めます。また、しゃべらなくても、ツーカーでわかってしまうようになります。

一方、兄弟がいて家族が多かったりすると、日ごろから多くの人と関わるため、自分の主張をことばにせざるをえません。こうした体験量の違いがことばの発達の差となって現れます。大人の生活を見直して、子どものことばの発達にとってどんな生活がよいのかふり返ってみましょう。

## こうしてみよう！

### ポイント1 体を動かす遊びでイメージにつなげよう

大人は、ことばだけでイメージできます。しかし子どもは、五感全部を使って体験することではじめてイメージすることができ、さらにそれをことばにすることで記憶として残ります。

また、ある体験を思い出そうと思っても、ことばだけではできません。もう一度同じところに行って、見たりさわったり、遊んだりすることで、はじめて記憶が呼び覚まされるのです。ですから、ことばの遅れが気になったら、まずは体を十分に動かす遊びをたくさん体験させましょう。

### ポイント2 体を動かせばことばが出てくる

体を動かすことが楽しくなれば、子どもはことばで表現したくなるものです。「『よーい、どん！』って走ったね」「あの大きな木のところまで走ったんだ。ワンちゃんみたいに速かったね」「お母さんも走りたくなったわ」などと声をかけ、子どもと楽しい気持ちを共有します。

また、お母さん自身も、子どもといっしょにいて楽しいなと思ったことをどんどんことばにしてあげてください。お母さんと楽しさを共有することで、子どものなかで体験とことばが結びついていきます。

こうして、ことばだけでふり返ったとき、子どものなかにそのときの楽しさがよみがえるようになるのです。

### ポイント3 ことばで思い出すようにうながそう

お友だちと楽しそうに遊んでいたときには、そのときに子どもどうしの会話がなくても、後からふり返って、「○○遊び、楽しそうだったね」「どうやっていたの？」「へえそうするんだ」などと遊んだときのことをたずねて、ことばで思い出すように子どもをうながすことが大切です。そんな積み重ねをしていくことで、自然とことばが出てくるようになり、次第におしゃべりになっていくでしょう。

### それでも困った時には

よくおしゃべりするお子さんのお母さんや、自分と環境のちがうお母さん、先輩のお母さんなどに相談し、アドバイスをもらっていろいろとためしてみましょう。また、お母さん自身がいろいろな人と会話をする機会を増やし、子どもがどんなことに興味を持つのか、子どもが楽しいと思っていることは何か、などを探ってみましょう。それをもとに積極的に話しかけてみて、子どもとの会話が楽しくなったらもう心配はいりません。子どものことばが発達していくようすもよくわかるようになるでしょう。

子育てコラム

## 自分自身の感情のコントロールができず、イライラしているときは子どもの気持ちを考えられずに必要以上に叱ってしまう

自分の感情をコントロールするのはほんとうにむずかしいことです。イライラしてしまう原因は何でしょうか。原因が見つからずに子どもに当たってしまうようでしたら、心療内科や精神科のカウンセリングを受けてみてはいかがでしょうか。放置すると悪化してしまう可能性もあります。

子どもの気持ちが考えられないのは悲しいですね。悩んでいらっしゃることでしょう。必要以上に叱るのはよくないと気づいているのですから、叱る回数を徐々に減らしていくようにするのはどうでしょうか。

どんなときに自分が叱っているのか、ノートに記録してみてください。そして一回に平均してどのくらいの時間叱っているのか、どのように叱っているのかを客観的に書き出してみましょう。

つぎにノートを見返して、これならがまんができそうだと思うことがあれば、叱るのをぐっと抑えてみましょう。それができたら、ほかにも叱らずすみそうなことをみつけて、同じように叱るのをがまんしてみましょう。ぜひやってみてください。

子どもの気持ちが考えられなくなるのは、あなたが忙しすぎるからでしょうか、それとも子どもの気持ちをどのようにキャッチしたらよいのかわからないからでしょうか。もしかしたら、親のいうことを聞かない子どもがどうしても受けいれられない、ということかもしれません。

でも、どうせ何をいってもむだだと子どもと向き合うことを放棄していませんか？　子育てサークルや、園の行事、あるいは子育て講座などに参加して、ほかのお母さんが子どもとどのように関わっているか見る機会をつくったり、自分から「子どもが○○したときにはどうしていますか」と素直に聞いてみたりして、子どもの気持ちをとらえるにはどうしたらよいか、少しずつ学んでいきましょう。

# 第6章
# クセに関する「困った」

## なぜなの？ 35！

**●夜泣きがひと晩で何回も続く**

1歳6カ月になる娘は、赤ちゃんのころから夜泣きがひどく、おっぱいをあげないと寝てくれません。昼間はあまり欲しがらないのに、どうしてでしょうか？母親も寝不足で困っています。

### 夢や気温・気圧に敏感に反応する時期

夜泣きは一般的に生後半年くらいからはじまります。睡眠中は浅い眠りと深い眠りが交互にやってきます。ひと晩のうちに浅い眠りが4、5回おとずれますが、そのとき、昼間に興奮したことを夢に見たり、気温や気圧に変化があったりすると驚いて泣いてしまうと考えられています。お母さんにとってはつらいことですね。

夜中に泣かれると、周囲への配慮から泣き止んでほしく、ついおっぱいやミルクをあげたくなります。しかし、夜中の授乳は胃に負担をかけ、逆に眠りを浅くしてしまいます。1歳を過ぎてからの授乳は食事と考え、夜中の授乳はできるだけ控えるように工夫したいものです。

## こうしてみよう！

### ポイント1 周囲の協力と理解を

夜泣きは生理的な現象ですので、ある程度はしかたのないことだと割り切ったほうがお母さんも気が楽になるのではないでしょうか。夜泣きは感受性の強い子に多いともいわれます。「将来がそれだけ楽しみ」というように発想を変えてみましょう。

### ポイント2 夜泣きの原因を探そう

まず、おむつがぬれていないかたしかめましょう。夜中に雨が降り出したり、反対に止んだりしたときなど、気圧の変化を感じて泣く場合もあります。

原因がわからず、子どもがなかなか泣き止まない場合、お茶を飲ませてあげましょう。冬の乾燥した夜や、夏の寝苦しい夜など、季節によってノドが乾いて泣き出す場合があるからです。

### ポイント3 ぐっすり眠れる環境を整えよう

寝る部屋を暗く、静かにして眠りやすい雰囲気をつくることも大切です。

1歳を過ぎるころには、しだいに記憶力がついてきます。すると昼間に強い刺激を受けたり、入眠前の入浴の温度が熱かったり、テレビで興奮したりした夜は、それが夢に出てきてしまい、夜泣きにつながります。

とくにテレビは光や音の刺激がとても強く、その明るさが眠りのリズムを狂わせてしまいます。夕食後はテレビやビデオを見せないようにします。

### ポイント4 おっぱいをあげなくても眠れるようにしよう

夜寝る前、おっぱいをあげるのが習慣になっていませんか？　母乳にはスキンシップというよさもありますが、いつもおっぱいをあげていると、本来ならひとりで眠れるはずが、おっぱいに頼らなければ眠れなくなってしまい、毎晩求めるようになってしまいます。おっぱいではない方法で眠れるように工夫しましょう。

たとえば、絵本を読んであげる、子守歌を歌ってあげる、手を軽く握ってあげる、背中を軽くたたいてあげる、母乳の代わりにぬいぐるみを抱いて眠るなど、子どもに合わせていろいろためしてみましょう。

### それでも困った時には

思いきって卒乳を考えましょう。卒乳についてはいろいろな考え方があり、WHOは母乳を推進する立場から、子どもからやめるまではおっぱいを飲ませるように勧めています。しかし、お母さんの乳房のケアや卒乳の儀式などの問題もありますので、専門家に相談して卒乳の時期を考えることも必要です。

## なぜなの36

**●指しゃぶりをなかなかやめられない**

3歳の娘は、不安なときや眠るときに指しゃぶりをします。絵本やテレビを見ているときもしています。3歳児健診では不正咬合の傾向があるといわれ心配です。どうしたらやめさせられるでしょうか。

### お腹にいるときから指しゃぶりをしている

赤ちゃんは、まだお母さんのお腹のなかにいるときからすでに指しゃぶりをしていることが、「超音波画像診断装置」の観察でわかっています。羊水や母乳を飲み込むトレーニングをしているのです。

幼児期の指しゃぶりは、不安や緊張を解消するためと考えられています。口はほかの器官より敏感に反応し、安心感を得られる心地よい器官でもあるからです。3歳となり、歯列に影響を与えるとなると心配になってしまいますが、乳児期に口でのいじり遊びを十分楽しんだ子は、しだいに指しゃぶりを卒業し、自然と手を使った遊びに移行していきます。

## こうしてみよう！

### ポイント1 口でのいじり遊びを十分させよう

指しゃぶりの時期に、汚いからと指を口から離させ、手を拭いたりすると、かえって子どもは指しゃぶりにこだわりを持ってしまいます。子どもは指をしゃぶることで、自分を安心させているのです。

　また、指しゃぶりを無理にやめさせることは、何でも口に入れて確かめようとする、乳児期の子どもの探索心を妨げ、その後の手指を使ったいじり遊びへの移行をむずかしくしてしまいます。

　代わりに、口でいじれるおもちゃを与えましょう。それをしゃぶらせることで、口の周りの筋肉が発達し、食べ物をかみ砕く力や正しく発音する力もついていきます。

「お口でしゃぶりたくなったらしゃぶっていいよ。でもいらなくなったら返してね」といっておもちゃを与えましょう。いつでも清潔にしておきたいので、管理は大人がしましょう。やがて「私、これもういらない」といってきます。

### ポイント2 手でいじれるおもちゃを与えよう

1歳ころになって、口でいじり遊びを十分楽しんだ子には、手触りのよい布や、チェーンリング、振ると音の出るおもちゃなど、手指を使って遊ぶおもちゃをたくさん用意し、手のひらを使ってわしづかみにしたり、別の容器に移しかえたり、大人もいっしょに遊びながら、手指を使う楽しさ、おもしろさを伝えましょう。

### ポイント3 子どもに説明しよう

3歳になっても指しゃぶりにこだわっている場合には、なぜよくないか理由をていねいに説明してあげましょう。

「指しゃぶりをしているとお口がひらいて、ばい菌が入り、ノドがヒリヒリしたり、お腹が痛くなったりするから、指しゃぶりはやめようね」「ずっと指しゃぶりしてると、歯にすき間ができちゃって、お話も上手にできなくなっちゃうよ」などと、わかりやすく話してあげます。

### ポイント4 不安な気持ちをやわらげよう

夜寝るときは、子どもの不安な気持ちをやわらげるため、手を握ってあげたり、絵本を読んであげたりして、寝入るまでは枕元にいてあげましょう。

　ある男の子は「お指、チュパチュパしたくなった」といってお母さんの手を握ったり、ぬいぐるみの手をしゃぶったりしながら、しだいに指しゃぶりをせずに眠れるようになりました。

## なぜなの 37

### ●爪をかんでしまう

4歳の息子は、気づかないうちに爪かみをしてしまいます。爪切りで爪を切ったことはほとんどありません。なおすにはどうしたらよいですか？

## 爪かみは不安のサイン

爪かみのクセはなおすことがむずかしいといわれ、大人になってからも爪をかむクセが残ることもあります。指しゃぶりや特定のタオルなどにこだわりのあった子どもが、その後、爪をかむようになるということもよくあります。

生活環境が変わって不安やストレスを感じたり、叱られることが多く、自分に自信が持てなかったりすると、爪かみのクセがつきやすくなります。

大人が子どもの不安な気持ちに気づき、それをやわらげてあげれば、クセもなおっていくでしょう。

# こうしてみよう！

## ポイント1 根気強く説明しよう

この時期は、好奇心や探索心がおう盛で、何でもやってみたがりますが、なかには困ったこと、危険なことも多いのです。そんなとき、「ダメ！」「危ないでしょ！」などとつい強い調子で叱ってしまいます。

しかし、なぜダメなのか、なぜ危ないのかをきちんと説明してあげないと、子どもは自分が嫌われていると思い込み、不安にかられてしまいます。爪かみのクセも、不安感の現れなのです。

ですから、たとえ叱る場合でも、できるだけ感情的にならず、子どもがわかるように叱る理由を繰り返し説明することが大切です。

たとえば、食卓の上に登ろうとしたときには「登ったらダメでしょ！」と頭ごなしに叱りつけずに、子どもの「登ってみたい」という気持ちを認めながら、子どもの理解できることばで「上手に降りられるかしら？　そこはお食事のテーブルよね？　登ってもいいところかしら？」と質問しましょう。

すると、子どもはテーブルの上には登ってはいけないということに気づき、自分から床に降りることでしょう。

## ポイント2 感情をことばにおきかえてあげよう

1歳半ころから芽ばえる自我感情のひとつ、嫉妬心を上手に育てることも大切です。また、悲しい、うれしい、疲れてイライラしている、さみしい気持ちなど、大人が子どものそのときどきの感情を読み取ってあげ、「うらやましかったんだね」「悔しいのね」「悲しいね」「さみしいね」などと子どもの気持ちをことばにしてあげると同時に、「私もそう思うわ」などと、大人が子どもの気持ちに共感することで、子どもは自分の感情に気づいていきます。そして「こうしたらどうかしら？」などと、その気持ちをコントロールする方法を教えます。

## ポイント3 成功体験から自己肯定感を

自分でやりたがっているからといって、何もかもまかせると叱ることの方が多くなって、結局子どもは自信をなくしてしまいます。大人が判断し、子どものできることのみまかせましょう。

また、子どもは、まだこれから自分がすることの結果を予測して行動することができません。そこで、大人がさりげなく準備したり、つぎにすべきことの方向性のみ示してあげたりすれば、子どもはうまくできた満足感を味わい、自信をつけることができるでしょう。

## なぜなの 38

**●性器をいじったりこすりつけたりしている**

2歳6カ月になる娘は、机の角に性器をこすりつけたり、うつぶせになって手で刺激したりします。汗をかいていることもあります。気持ちよいのか、ボーっとしている姿を見ると心配になります。

## 無意識に性器をいじる時期

お母さんの驚きと戸惑いはよくわかります。じつは、2歳ころの自慰行為はそれほどめずらしいことではありません。

この時期の自慰行為は、性に目覚めた結果ではなく、たまたま無意識のうちに性器をいじったこと、あるいは性器にものがこすれたことで、何となく気持ちよさを感じ、それがクセになったものです。大人が驚いてきつく注意したりすると、かえって罪悪感を植えつけ、今度は大人に隠れてするようになります。自慰行為はほかに熱中することができてくると自然になくなります。

## こうしてみよう！

### ポイント1 体を動かすことの楽しさを伝えよう

テレビやビデオを長時間見せていないか、ふり返ってみましょう。

子どもは、寝返り―ハイハイ―伝い歩き―二足歩行と徐々に移動範囲を拡げながら、空間の高さ、距離、幅や深さなどを学んでいきます。また、身の回りの物をさわったり、つかんだりすることで、物の重さ、大きさ、硬さなどを感じ取ります。こうして、自分から体を動かす喜びを知ります。

ところが、この時期にテレビやビデオを長時間見る生活を続けていると、受け身な子どもになり、体を動かす楽しさを体験できず、たまたま見つけた自慰行為の気持ちよさに浸ってしまうのです。

子どもは本来、体を動かすことが大好きです。自慰行為を見つけたら、積極的に体を動かす遊びに誘ってみましょう。体を動かして遊ぶことの心地よさを体験すれば、自然と自慰行為はなくなっていきます。

### ポイント2 清潔にしよう

オムツかぶれや、湿疹などができて、かゆみや不快感があると、性器周辺をさわるようになり、それが習慣化することがあります。

またこのころは、自分の体に興味を持つ時期で、いろいろな部分をさわっているあいだに、性器をさわると気持ちよいことに気づいて、それが習慣化することもあります。

性器は人のとても大切な部分ですので、汚れた手などでさわらないように、「いつもきれいにしておきましょうね」とやさしく伝えます。

### ポイント3 緊張や不安をとりのぞこう

緊張や不安な気持ちが長い時間続くと、自慰行為が多く見られるようになることが知られています。子どもの手を握ってあげたり、体や足をさすってあげたり、くすぐったり、スキンシップを取り入れて、子どもの不安な気持ちをやわらげてあげましょう。

### それでも困った時には

子どもの内股には刺激に敏感な部分がありますので、その部分を刺激しないような抱き方、たとえば、大人の腕に子どものお尻をのせて抱く、というような配慮をしてみましょう。

## なぜなの 39

●どこに行くにもぬいぐるみを持ち歩く

2歳半の娘は、どこへいくにもウサギのぬいぐるみを持っていき、知らない場所ではそれを抱いて指しゃぶりをしています。忘れるとパニックになります。いつになったらいらなくなるのでしょうか。

### 強い愛着は自立へのステップ

いつもお母さんといっしょだった乳児期を過ぎ、自分の足で歩いて移動するようになると、子どもは何かに強い愛着を示し、それを肌身離さず持ち歩こうとすることがあります。お母さんという安全基地の代わりにそれを持ち歩くことで、お母さんから離れる不安をやわらげ、心の安定を図っているのです。

裏返していえば、お母さんは自分とは違う人間であると気づくこと、不安や安心といった自分の心の動きに気づくこと、それを乗り越えようとすることがあってはじめて、物への強い愛着が生まれます。愛着は自立へのステップなのです。

# こうしてみよう！

## ポイント1 存分に味わわせよう

子どもの愛着の対象として多いのは、ぬいぐるみやタオルなどです。やわらかな素材は肌触りがよいので、不安な心をなぐさめてくれるのでしょう。

ある子はお母さんのパジャマに愛着があり、洗濯されたとわかると大泣きして、アイロンで早く乾かせと要求し、ニオイがちがうと怒ったそうです。

子どものこうしたこだわりを、「汚い」「神経質なのかしら」「繊細すぎていじめられないかしら」などと心配して無理に取り上げたり、かくしたりせずに、存分に味わわせてあげましょう。

そのうち急に「ぼく、これ、もういらない」と宣言し、あれほどこだわっていたものをかんたんに手放すときがきます。それは案外あっけなくくるものです。

この時期の子どもの愛着やこだわりは、発達過程で現れる周囲への適応手段のひとつとして正常なものであって、特別なことではないとわかれば、子どもの不安な気持ちを受け入れてあげられるのではないでしょうか。

## ポイント2 こだわる理由にも目を向けよう

以前、指にバンソウコウを貼ることにこだわっていた男の子がいました。そこでその男の子に理由をたずねてみたところ、男の子はお風呂や水遊びで指がふやけて白くなるのを怖がっていたことがわかりました。ふやけて白くなっても大丈夫だよと伝えてあげると、間もなくバンソウコウを卒業することができました。

このように、なにか不安な理由があって、それを自分で乗り越えようとしてこだわっていることもあります。愛着やこだわりの理由に注目してみることも大切です。

## ポイント3 子どものことばを育てよう

こだわりや愛着の強い子どもは、お母さんと離れたり、知らないところに連れていかれたりすることをとても怖がります。

子どものこだわりをやわらげるには、子どものことばを育てることが重要です。ことばで表現ができるようになると、抽象的な思考力が身についていきます。すると、お母さんはボクとは別の存在で、いまはボクの目の前にはいないけれども、お母さんはいつもボクのことを見守っていてくれるということが理解できるようになります。

その結果、自立心も芽生えて、ぬいぐるみに依存しなくなります。

子どものことばを育てるには、絵本をたくさん読み聞かせするのもよい方法です。

## なぜなの 40

**●おもちゃをすぐに口に入れてしまう**

もうすぐ3歳になる息子は、おもちゃを口に入れてしまいます。「ばっちいからお口に入れちゃダメ」といってやめさせようとするのですが、あまり効果がありません。

### 口に入れるのは赤ちゃん時代の名残り

赤ちゃんにとって、口はもっとも重要な感覚器官です。赤ちゃんの口は、生まれながらにして母乳をさぐりあてる力、唇にふれたものに吸いつく力を備えています。そのおかげで、赤ちゃんは生命を維持できるのです。

さらに1歳くらいまでは、口は外部の世界や自分の体をたしかめる手段として活躍します。赤ちゃんが何でも口に入れようとし、ときには自分の足の指まで口に持っていくのはそのためです。

その後、口は食べるためや話すための器官に変わっていきますが、ときには何でも口に入れるクセが残ることもあります。

## こうしてみよう！

### ポイント1 そのうち消えるクセで心配はいらない

赤ちゃんは何でも口に入れてかんだりなめたりすることで、物をたしかめようとします。歯固めなどのおもちゃで口やあごをしっかり使う遊びをさせてあげましょう。

1歳を過ぎると、何でも口に入れることは少なくなっていきますが、3歳になっても、物をなめたり口に入れたりする子どももいます。無意識に、口でのいじり遊びを求めているのでしょう。大人が口を使った別の遊びに誘うことで、自然といじり遊びを卒業することがほとんどです。

### ポイント2 口を使った遊びをしよう

お母さんといっしょに、くちびるをプルプルッとふるわせたり、「アップップー」とふくらませたほおを指でつついて口の中の空気をプーッと押し出したり、レロレロレロレロと舌を左右に動かしたりしてみましょう。

3歳なので、「ダルマさん、ダルマさん、にらめっこしましょ、アップップー」とゲーム的に遊んでもよいですし、シャボン玉遊びなど、物を吹き飛ばす遊びをしてもよいでしょう。

### ポイント3 子どもからのサインかもしれません

「私を見て」というサインを送っているのかもしれません。さみしいけれども、その気持ちをうまくことばで表現できないとき、子どもは安心を求めて、無意識のうちに口のなかに物を入れてしまうことがあります。

何かしたいことがあるのではないか、疲れているのではないか、遊んでほしいのではないか、何か困っていることがあるのではないか、など子どもに聞いてみましょう。そして、自分の気持ちをうまくことばで表せるように、手助けしてあげましょう。

### それでも困った時には

口に入れそうになったら、しっかりと目を合わせ「汚いよ。どうしたらいいかな」と話し、自分で考える力を育てます。ただ、なめてよいものとよくないものを理解させるには、口でいい聞かせるだけでなく、こうしたらこうなるという関係性を理解させるようにします。

使ったおもちゃは元に戻す、トイレに行ったら手を洗う、ご飯を食べたら歯をみがくなどを教えるなかで、汚いものは口に入れてはいけないことも理解させましょう。

口に入れると危険なもの、誤飲の可能性があるものなどは、あらかじめ子どもの手の届かないところにしまっておき、おもちゃは口に入れても安全なものを用意しましょう。

## なぜなの41

**●常につま先で歩き落ち着きがない**

3歳の息子は、いつもつま先立ちで小走りに歩くため、不安定ですぐ転んでしまいます。落ち着きもなく、将来、多動児といわれるのではないかと心配しています。

### 体の発達とともに消えていきます

子どものつま先歩きは、ようやくひとりで歩けるようになって間もない1歳半のころにはよく見られます。まだひざや足首の筋肉が十分に発達していないために、カカトをつけて歩くことがむずかしいのです。

2、3歳になってもまだつま先歩きをしている子は、つま先歩きがクセになっているのかもしれません。しかし、お母さんが注意すればカカトをつけて歩けるのであればさほど心配する必要はありません。また、体の発達に問題がなくても、何かで急いでいたり、そわそわして落ち着かないと、それがつま先歩きになって現れることもあります。

# こうしてみよう!

## ポイント1 ハイハイや伝い歩きを十分に

正しく歩くためには、腰のひねり、ひざの曲げのばし、重心の移動をスムーズにおこなう必要があります。また、重力に逆らって姿勢を保つために、背中やお腹、脚の筋肉が十分に発達していることも必要です。

つま先歩きをする子は、腰のひねりが少なく、ひざが伸び、前のめりの姿勢になるために、重心が常に前にかたよって、すぐつまずいたり転んだりします。不安定な歩き方のため、転んでも手が出なかったりします。

正しく歩くために必要なこうした動作は、赤ちゃんが立ち上がってひとりで歩きはじめるまでの過程で徐々に身についていきます。

たとえば、寝返りやハイハイを繰り返すことで上半身や股関節の筋力がつき、歩くのに必要な腰のひねりなどの動きを学びます。伝い歩きでは脚の筋肉がつき、ひざの曲げ伸ばしやバランスの取り方を学びます。

最近では早く歩かせることに気を取られ、ハイハイもそこそこに歩行器などを使う傾向がありますが、焦らずに、まずハイハイなどを十分経験させてあげましょう。

## ポイント2 遊びながら歩く練習を

赤ちゃんの動きにならって、ずりはいや高はいで追いかけっこをしたり、イスや机の下をくぐったりして遊んでみましょう。また、ゆっくりと歩くために、「アシアシアヒル、カカトをねらえ」などと歌いながら、カカト歩きをいっしょにしてみましょう。ほかにも、両手を高く上げて背筋をのばしてみたり、床に「ヤキイモゴロゴロ」ところがって遊んだりします。

## ポイント3 ゆっくり歩く練習を

子どもは、無意識のうちに小走りになっていることがあります。「走っているよ。お部屋ではゆっくり歩こうね」と気づかせ、「カカトはどこかな?」と質問すると、子どもは自分の体について意識することができます。自分の体を知ることで、自我も育つといわれています。

子育てコラム

## 外出先で、子どもが見知らぬ子どもに手を出してしまい、「どういう育て方をしているのか」と責められた。相手を思いやる心を教えにくい世の中になったと感じる

３、４歳ころの子どもは、知らない子どもをたたいてしまうことはしばしばあります。しかし、子どもは興味のない子どもには手を出しません。その子に何らかの魅力があって、ついたたいてしまったのでしょう。

相手の親がわが子の行為に対してひどいいい方をしたとしても、もしあなたが逆の立場だったなら、いい方は別としても、同じように腹を立てたことだと思います。たたかれた子どもはどんな反応を示したのかあなたの目で確かめて、まずはたたかれた子どもに「痛かったでしょう。ごめんなさいね」と子どもの代わり謝ってから、その親に対しても謝罪します。

その場で「ごめんなさい」とわが子に謝らせることも大切ですが、もしその場ですぐに謝れなかったとしても、みんなの前では叱らないようにしましょう。本人も心のなかでは悪かったと思っているにちがいないからです。

しばらくして子どもの気持ちが落ち着いてきたところで、「○○だからたたいちゃったんだよね」と子どもの気持ちを代弁しながら、相手をたたいた理由をきいてみます。そして、どんなときも一方的にたたくのはよくないのだといって聞かせましょう。

相手に必要以上に憤慨されても、そのことに反論する前に、まずはきちんと相手に謝罪すれば、それが子どもにも伝わって、自分も謝ろうという気持ちを持つことができるでしょう。大人が見本なのです。

叱った後は、たくさんの愛情を示してあげましょう。親に愛されたと感じている子どもは、親を信頼し、自分に自信を持つことができます。そうすることで、相手を思いやる心も育っていくのです。

# 第7章
# 遊びに関する「困った」

なぜなの 42

## ●友だちが持っているおもちゃを取り上げる

2歳半の息子は、公園の砂場などで遊んでいると、よその子のおもちゃを使いたがります。無理やり取り上げようとしてけんかになることもあり、それがいやで、外で遊ばせる機会が減ってしまいました。

### 使いたいから使うという時期

目の前にあるおもちゃが気に入れば、それが欲しくなるということは、幼児にとっては当たり前のことです。大人はもう少し仲よくおもちゃを使えないのかと思ってしまいますが、この時期の子どもには、「そのおもちゃは○○のもの」という所有の意識がそもそもないため、あるおもちゃを見て使ってみたくなれば、自然とそれに手が伸びてしまいます。しかも、公園などでいっしょになった相手は、初対面か、顔を見たことがある程度です。お友だちでもない子とこころよく物を貸し借りすることは、この年齢の子どもには無理な要求なのです。

# こうしてみよう！

## ポイント1 「かして」「いいよ」を強要しない

子どもがおもちゃの取り合いをはじめた場合、取ってしまったほうのお母さんは、「勝手に取っちゃダメでしょ。使いたいときには『かして』っていいなさい」とわが子を叱り、相手のお母さんは自分の子どもに「使ってないおもちゃは『いいよ』っていって貸してあげなさい」とうながすでしょう。

そして、それでも黙っておもちゃを取り上げようとするわが子に腹を立てるか、「使ってないなら、貸してくれてもいいのに」と相手の子に腹を立てるかどちらかではないでしょうか。

もちろん、けんかがエスカレートし、いまにも手が出そうな場合などには、親として黙って見ているわけにはいかないのが現実です。しかし、この時期の子どもに「使いたいときは『かして』といいなさい」といくらいって聞かせてもあまり効果はありません。

## ポイント2 いっしょに遊んでみよう

そこで、そばで見ているだけでなく、お母さんもいっしょに遊んでみましょう。子どもと砂いじりをしながら、子どもたちがいっしょに遊べるようにいろいろ工夫してみます。

たまたま公園にいあわせた子どもでも、何となくいっしょに遊んだという雰囲気をつくり、「楽しかった」という気持ちを共有させます。すると、しだいに子どもどうしの関わりが生まれてきて、何回かそれを繰り返していくうちに顔見知りになり、お友だちという関係になっていくことでしょう。

## ポイント3 お互いの気持ちをことばに表そう

お友だちになればすぐに「かして」「いいよ」がいえるようになるわけではありませんが、いっしょに遊んで楽しかったという思いは、必ずつぎへのステップになります。

遊んだあとは、「○○ちゃんがシャベルをかしてくれてうれしかったね」、「△△ちゃん（わが子）のバケツをかしてあげたら、○○ちゃんもうれしそうだったね」などと、お互いの気持ちをお母さんがことばで表現してあげましょう。このような積み重ねが、お友だちと仲よくする力につながっていきます。

## ポイント4 児童館などに行ってみよう

それでも心配でしたら、児童館や子育て支援センターなど、公共の遊び広場を利用してみてはいかがでしょうか。専属の保育士さんがいますし、同じような悩みを抱えたお母さんもいらっしゃいます。ひとりで悩まず、そうした人とも話してみましょう。

## なぜなの 43

### ●友だちにかみつかれても何もしてもらえない

1歳の娘は、保育園でお友だちにかまれて歯型がくっきりついていることがあります。かみついた子のお母さんは、そのことを知りません。先生たちは何をしているのでしょうか。

### ことばの代わりにかみつく時期

かみつきは、1歳後半から2歳にかけてがいちばん多く見られます。ちょうど自我が芽ばえる時期で、何でも自分の思いどおりにならないと気がすみません。ところが、まだその気持ちをうまくことばで表すことができないため、もどかしさからかみついてしまうのです。

また、体調が悪くイライラしているとき、反対にとてもうれしいことがあったときなどもかみつくことがあります。それも、ことばが未熟なために起きることです。少ししてことばが発達し、自分の気持ちをことばで十分に伝えられるようになると、かみつきは自然と収まっていきます。

# こうしてみよう！

## ポイント1 まずはかみつかれた子をなぐさめよう

まずはかまれた子の気持ちになり、「痛かったね～」「かむのいやだね～」と子どもの気持ちを代弁しながら、かみつき跡が残らないように冷水で冷やしたり、もんだりします。かみついた子には「そのおもちゃが使いたかったんだね。でもかみつくと○○ちゃん、痛いよ」とかみついたときの気持ちに共感しながら、かみつきはよくないことと教えます。

## ポイント2 かみつく子にもいい分があります

子どもがお友だちにかみつかれると大人は「かみつくなんてひどい」と思うでしょう。それは自然なことです。しかし、子どもはまだことばが未熟ですから、いやなことがあっても「やめて」ということばがなかなか出てきません。ですから、自分の使っていた物を取られたり、取られそうになると、思わずかみついてしまうのです。

かみついた子にもかみつかれた子にもいい分があるのです。大人はお互いのことをきちんと見て、それぞれの気持ちを理解してあげることがとても大切です。

## ポイント3 かみつきはいじめではありません

最近では「いじめ」の問題がクローズアップされていることもあり、子どもがお友だちに何かされると、すぐに「いじめられているのではないか？」と心配される方も多いようです。

しかしこのころは、ほかの子どもの存在がようやく気になりはじめる時期であり、相手の子が憎くてかみつくわけではありません。まして相手をいじめようと思ってのことではありません。

## ポイント4 疑問はなんでも園に話してみよう

園でかみつきがあっても、かみついた子の保護者の方に「お子さんが○○ちゃんにかみつきました」と報告することはありません。保護者の方には、その場でのかみつきを止めることはできないからです。代わりに、その子の家庭でのようすや、保護者の方のお仕事の事情などをたずね、子どものかみつきの背景に思いを巡らせてみます。

一方、かみつかれた子の保護者の方にはかみつきのことを報告します。しかし「なんでかみつかれたの？」「先生は見てなかったのかしら」などと不満や疑問が残る場合もあるでしょう。そんなときは、遠慮せず先生にたずねてみましょう。園では、保護者の方とコミュニケーションをとり、何でも気軽に話せる関係のなかで、いっしょに子育てをしていきたいと考えています。

## なぜなの 44?!

### ●ねだって手にいれたおもちゃで遊ばない

3歳半の娘は、つぎからつぎにおもちゃを欲しがります。買ってもらうまでは大騒ぎなのですが、いざ手にいれるとそれであまり遊ばず、すぐにほかのおもちゃを欲しがるので困っています。

### 何でも欲しいと思わせるコマーシャル

情報化社会といわれる今日、子ども向けの情報もあふれています。たとえば、子ども向けテレビ番組のスポンサーは、ほとんどがおもちゃメーカーです。

番組の途中、番組のキャラクターのおもちゃが盛んに宣伝されます。宣伝は子どもが飛びつくようにつくられているため、ほんとうにほしいのか、必要なのかを考えるひまも与えず、子どもの心を強力なインパクトでつかみます。

こうして子どもは、さほど必要でないおもちゃを欲しいと思わされ、ねだって買ってもらったのに結局それで遊ばない、ということになるのです。

## こうしてみよう！

### ポイント1 買ってあげる日を決めよう

私たちの周りには、情報だけでなく、物もあふれています。いつでも多少だだをこねるだけで何でもかんたんに手に入ってしまうのならば、その分ありがたみも少なく、大切にしないのも当たり前です。

おもちゃを買ってあげるのは誕生日とお正月（またはクリスマス）だけなどと、家庭のルールを決めることも一つの方法でしょう。すると、子どもなりに「ほんとうに欲しいものは何か」ということを真剣に考えるようになります。

また、子どもだけに任せておくのではなく、大人が見極めて選択することも必要です。子どもと話しながら何を買うのか決めたいものです。買ってもらえる日を心待ちにし、やっと手にしたおもちゃなら、子どもはきっとそれを大切にすることでしょう。

家庭でルールを決めて、ほんとうに欲しいものだけを買い与えるということは、子どもに自分の欲求をコントロールする力をつけさせることにもつながります。

### ポイント2 子どもと物づくりをしよう

しかし、子どもにそうしたことを要求する以上、私たち大人自身の生活もふり返っておく必要があります。私たちは日ごろから、宣伝やうたい文句に惑わされず、物を大切にする生活を送っているでしょうか。家族が普段から環境問題や省エネなどについてまじめに考えていれば、その姿勢は自然と子どもにも伝わります。

そこで、子どもといっしょに木材の切れ端や石、葉っぱなどの自然物を利用して何かをつくってみてはいかがでしょうか。既製のおもちゃで遊ぶだけでなく、自分でおもちゃをつくってみるのです。物を大切にする気持ちはもちろん、子どもの想像力や創造力をのばすよい方法です。

物づくりを楽しむには、児童館や子育て支援センターなどの公的施設のほかに、地域の子育てサークルやＮＰＯ法人などの「手づくりおもちゃの会」「自然と遊ぶ会」といった催しに参加してみるとよいでしょう。

そこで知り合った人たちと、家のなかでの遊びのようすや、子どもに与えるおもちゃについての相談、情報交換をすることもできます。

一方子どもにとっては、みんなといっしょに物をつくって遊ぶという体験、あるいはみんなと自然のなかで遊ぶという体験をすることができます。そうすることで、与えられたおもちゃだけで遊ぶという受け身の姿勢から、積極的に物やお友だちと関わろうとする姿勢へと変わっていきます。

## なぜなの 45

### ●子どもとどのように遊べばよいかわからない

生後8カ月になる子どもがいます。年齢が小さいので話しかけても理解できないだろうし、このくらいの年齢の赤ちゃんとどんなことをして遊んであげたらよいかわからず、悩んでいます。

## 何気ないやりとりが遊びに

発達には個人差がありますが、生後1カ月の赤ちゃんでも視線を合わせることができます。赤ちゃんにとって安心できる大人と視線を合わせることは心地よい行為です。たしかにことばの理解はまだまだむずかしいのですが、自分に注がれるあたたかいまなざしや語りかけといった、何でもないような行為そのものが、赤ちゃんにとって心地よい会話であり、大切にしたいことでもあります。赤ちゃんは自ら視線を合わせたり、声を発したり、動作をまねるようになっていきます。そういったやりとり自体が、赤ちゃんとの会話、そして遊びにもなるのです。

## こうしてみよう！

### ポイント1 赤ちゃんの行動をまねしてみよう

8カ月くらいになれば、うつぶせの姿勢からかハイハイやお座りができるようになります。このころの赤ちゃんを注意深く観察してみると、自分の手のひらを見つめながら握ったり閉じたり、お座りして両手を拍手のようにパチパチとたたいたりと、自分の体を自在に動かせることをよろこんでいるかのように見えることがあります。

大人は、そうした瞬間を見逃さず、赤ちゃんの動作をまねながら、「じょうずじょうず」とたくさんほめてあげましょう。一方的に大人から何かをしてあげるだけではなく、そうして赤ちゃんの遊びに大人がつきあったりして、親子の気持ちを交わし合って遊ぶことが大切です。

### ポイント2 赤ちゃんと動きを合わせて会話しよう

大人が自分と同じ動作をしてくれると、赤ちゃんは、お互いの気持ちが通じ合っているように感じ、とても喜びます。それは、まだ話すことのできない赤ちゃんとの会話なのです。

赤ちゃんが自然にしている動きでもいいですし、かんたんなひとつの動作でもいいでしょう。赤ちゃんと同じことをしながらほめてみましょう。たくさんほめてあげると、「もっともっとできるよ！」とばかりに、赤ちゃんはうれしそうに繰り返しやって見せてくれます。それだけでも、赤ちゃんにとっては十分な遊びなのです。

### ポイント3 目を合わせることが大事

赤ちゃんと遊ぶときに大切なのは、目と目をきちんと合わせることです。それは人と人とが心を通わすための基本的な動作だからです。

目を合わせて語りかけられると、赤ちゃんは、「あなたのことをちゃんと見ているよ」というあたたかい視線を感じることができます。そうしてから、手を取ってもらったり、ほおずりをされたりすれば、赤ちゃんは、自分を愛してくれる大人の肌のぬくもりややさしい心を感じ取ることができます。ことばではない、心と心を通わすやりとりのなかで、赤ちゃんは大人とのあいだで、安心感や信頼感を築いていくのです。

# なぜなの 46

●いたずらなのか遊びなのか判断できない

1歳10カ月の息子は、おもちゃ箱をひっくり返して中身をばらまいたり、水を出しっぱなしでいつまでも手を洗っていたり。いたずらなのか遊びなのかわからず、どこまでさせてよいのか迷います。

## いたずらも立派な遊びです

この時期の子どもは、紙を破いたり、箱に物を入れたり出したり、わざと物を投げたり落としたり、水や泥で周りを汚したりします。大人にとってはいたずらにしか見えません。でも、子どもにとっては「こうするとこうなるんだ」とひとつひとつ自分で確認し、「じゃあ、こうしたらどうなるのかな」とさらにためす、発達にとって大事な遊びです。

1、2歳の時期に、こうした大人を困らせる「いたずら遊び」を十分にすることで、子どもはさらに成長し、しだいに物を使ったりつくったりする遊びへと移行していきます。

## こうしてみよう！

### ポイント1 遊び道具を工夫しよう

「いたずら遊び」がいくら大事な遊びだとしても、限度があります。好き放題させておきながら、何かあるたび「これはダメ、あれもダメ」と止めようとしても、子どもはなかなか理解できませんし、大人も心配で目も離せません。

そこで、ある程度子どもの好きに遊ばせてあげられるように、あらかじめ道具を工夫して用意しましょう。

おもちゃをガラガラとひっくり返すのが楽しいようなら、こわれやすいおもちゃは最初から別な場所に保管しておきます。大切な書類や本は子どもの手の届かないところにしまっておき、代わりに不要な広告紙や新聞紙を好きに破らせてあげます。

手当たりしだいに物を投げて困るときは、紙を丸めてつくった玉や、投げても危なくないボールを用意して、お母さんがダンボール箱に玉を投げ入れて見せると、遊びをコントロールしやすくなります。

### ポイント2 時間や場所を区切ろう

また、いつでもどこでも際限なく遊ばせてよいとは限りません。「ここではいい」「これ以上はダメ」というように、ときには時間や場所を区切って遊ぶことも覚えていく必要があります。

子どもは水遊びが大好きですが、「洗面所ではなく、お風呂場で遊ぼう」「水は出しっぱなしにせず、洗面器などにためて遊ぼう」など、遊ぶ場所を指定したり、遊ぶ時間を決めてその時間がきたら「もう時間だからおしまいね」とやめさせたりするなど工夫するとよいでしょう。

### ポイント3 かまってほしい気持ちを受け止めよう

2歳を過ぎると、大人の気を引こうとしてわざといたずらをすることもあります。いたずらをする前にチラッとお母さんの顔を見たりします。大人がおどろいてかまってくれるのを期待しているのです。なんだかお母さんの気持ちが自分のほうを向いていないのではないかと不安で、お母さんを困らせてでも自分に注目してもらおうとする涙ぐましい子どもの心理です。

そんなときは、いたずらそのものにはあまり反応しないようにして、別の場面でゆっくり甘えさせてあげます。

子どもは、何かができたときや何かを発見したときに「見て見て」といちいち見せにきます。お母さんに自分の気持ちを共有してほしいのです。ふだんから、子どもの「かまって」という気持ちに応えてあげることで、子どものいたずらは少なくなっていきます。

# なぜなの 47

●ビデオやテレビの前から離れない

5歳の息子は、最近、幼稚園にいく前も、幼稚園から帰ってきたあとも、ビデオやテレビの前から離れません。外で遊ぶようにいっても全然聞きません。どうしたらよいのでしょうか。

## 知識欲が出てきてテレビへの関心が強まる

5歳になると、何にでも興味を持ち、好奇心や知識欲が旺盛になりますから、テレビやビデオ、ＤＶＤ、テレビゲームなどへの関心もそれまで以上に強くなります。一方で、このころはまだ、想像や空想の世界と現実の世界を区別できず、架空の話を信じて、その世界へのめり込んでしまいます。

ほんらい、5歳といえば体を動かすことが何より楽しい時期です。一日の大半をテレビの前ですごしていてはそれを発散する機会がありません。いろいろなものに実際に見てふれて、体と心をバランスよく養う必要があります。

## こうしてみよう！

### ポイント1 見る時間を決めよう

テレビやビデオ、DVDの内容や見る時間は、まだお母さんが判断して決めて構いません。しかし、それまで何度注意してもテレビの前から離れられなかったのですから、子どもだけ見る時間を制限しようとしてもむずかしいでしょう。

そこで、週に1〜2日は家族みんなでテレビを見ない日、テレビをつけない日と決めるのもよいでしょう。テレビを見ないと、大人も子どももはじめは何をしていいのか戸惑うかもしれません。しかし、これをチャンスに子どもとしっかり向き合う時間にしてみましょう。

子どもとたくさん会話をするのもよいでしょう。本の読み聞かせをしたり、いっしょに遊べるおもちゃをつくったり、お母さんのお手伝いをしてもらったりしてもよいでしょう。

大切なのは、テレビから離れ、テレビがなくても別のことで遊べるという体験を多くすることです。テレビのない生活に慣れれば、子どもも自分で遊びを工夫しはじめることでしょう。

### ポイント2 ほんものにふれさせよう

子どもには、自分の体を使って何かをすること、バーチャルなものではなく、ほんものにふれることがとても大切です。テレビなどから得た実体験でない知識だけでは、何かにつまずいたとき、自分で考え、それを自分で乗り越えていく力が身につきません。

ほんものにふれたときの感動が、脳を活性化し、創造力を豊かにしていきます。森や川や田んぼといった自然環境、あるいは神社やお寺といった古い建物、節句やお祭りといった伝統行事など、身近な生活のなかにも子どもにふれさせたい「ほんもの」はまだまだ残っています。そうしたほんものを積極的に活用していきましょう。

### ポイント3 友だちと遊ぶ時間を確保しよう

最近の子どもは、幼いころからいろいろな習い事にかよっているため、お友だちと遊びたいと思ったら、事前に遊べるかどうか確かめ、前もって約束をしないと遊べないのが現状です。突然遊ぼうと思ってもお友だちがいないのですから、家でテレビを見るということになってしまうのです。

ほんらい5歳くらいの男の子がいちばん好きな遊びは、体をいっぱいに動かす遊びです。ほんとうは友だちと外でいっぱい遊びたいはずです。子どもがお友だちと遊べる時間や場所を大人が確保してあげようと心がけることが大切です。

## なぜなの 48

### ●友だちを呼んでもいっしょに遊ばない

お友だちが家にきたのに、3歳の息子はひとりブロックで遊ぶばかりです。お友だちはつまらなそうにテレビを見ていましたが、結局帰ってしまいました。なぜいっしょに遊ばないのでしょう。

## まだまだいっしょに遊ぶのが苦手

3歳くらいになると、子どもはだんだんお友だちと遊ぶようになります。けれどもよく観察すると、いっしょにいるだけで、それぞればらばらに遊んでいることが多いのがこの時期の特徴です。またいっしょに遊んでいても、熱中してくるとお友だちのことは知らん顔になってしまうこともあります。そのため、せっかくお友だちが家にきてもいっしょに遊べないことが多いのです。

どのように遊ぶのか大人がうまく手助けしてあげると、お友だちとの会話ややり取りが増えてきて、そのうち、同じ目的をもって遊べるようになります。

## こうしてみよう！

### ポイント1 いっしょに遊ばない理由をつかもう

お母さんの友人の子どもと遊んだ場合、お母さんが子どものお友だちを呼んだ場合、遊ぼうと思ったけど、帰ったらお兄ちゃんがかえってきたのでそっちにいってしまった場合、あるいは、自分の遊びに夢中になり、お友だちがいることを忘れてしまった場合など、まずは、いっしょに遊ばない原因をつかむことが大切です。

### ポイント2 お母さんもいっしょに遊ぼう

お母さんの都合でお友だちがきた場合、子どもどうしが何となくギクシャクしていっしょに遊べず、お互いつまらなそうにしていることがあります。そんなときは、お母さんも仲間に入って、子どもがいっしょに楽しく遊べるように工夫してみましょう。

### ポイント3 気持ちが変わることも

このころはまだ約束は守らないといけないという意識があまりなく、遊ぶ約束をしたけれども、家に帰ったらもっとおもしろいことがあったので、お友だちと遊ばないということもあります。

そんなときは「いっしょに遊ぼうっていってたのにごめんね。こっちでいっしょにおばちゃんと遊ぼう」などと謝って、状況が変わったことをお友だちに伝えましょう。

### ポイント4 別々に遊ぶことも多い

3歳くらいの子どもの場合、実際には別々の遊びをしていたのに、呼んだ子も呼ばれた子も、お互いに「○○（△△）ちゃんと遊んだ」と思っていることがあります。

しかし、自分からお友だちを呼んだのに、ひとりで勝手にテレビゲームや好きな遊びに熱中し、お友だちが明らかにつまらなそうにしている場合には、「○○ちゃん、せっかく遊びにきてくれたのに、ひとりで何にもすることがないね」などといって、お友だちがきていることを子どもに伝えましょう。

### ポイント5 いっしょに遊ぶにはまだ早いことも

もしお友だちが「つまらない」といって帰ってしまったら、「なんで○○ちゃんつまらなかったのかしらね」とその原因を子どもといっしょにふり返ってみましょう。子どもがその原因に気づき「今度はこれでいっしょに遊ぶ」と答えられたらしめたものです。

反対に、その原因がわからないようなら、まだ早いのかもしれません。お友だちを家に呼ぶのは、「○○ちゃんといっしょに遊びたい」と子どもからいいだしてからでも遅くはありません。

なぜなの

# 49

イラ
イラ
イラ
はやく片付けなさいって言ってるでしょ~!?

## ●いくらいってもおもちゃを片づけない

3歳7カ月の息子は部屋いっぱいにおもちゃを出して遊びます。「片づけなさい」といってもいっこうに片づけません。イライラして「捨てちゃうよ!」といつも大声を出してしまい、うんざりしています。

## まずは一緒に片づけましょう

「○○ちゃんはまだ小さいから」「○○ちゃんにはまだ無理だから」などと、お母さんが当然のように片づけていませんでしたか。ところが、4歳近くなり、まだ片づけができない子どもにあわてて声かけをしても、子どもは「片づけはお母さんの仕事」と考え、自分の仕事であるとは受け止められません。

「ブロックはどこだっけ? ここ?」などと子どもに聞きながら、まずはいっしょに片づけましょう。そして「ああ、きれいになった!」「さあ、おやつにしましょう」と片づけると気持ちがよい、よかったという印象づけをすることからはじめましょう。

## こうしてみよう！

### ポイント1 タイミングを見て声かけしよう

大人は片づけながら仕事をしますが、子どもはつぎからつぎへとおもちゃを出し、足の踏み場もないほど床いっぱいに広げて遊びます。そこで、「これを片づけてから新しいのを出しなさい」といっても無理な話です。

ただし、よく見ているとちょっとじゃまそうに、ほかのおもちゃをどけていたり、ふと遊びが止まったりすることがあります。そんなときに「これ、じゃまだから片づけてしまおうか」「そろそろご飯の時間だからお片づけしようか」とタイミングよく声をかけます。

### ポイント2 片づけやすいように工夫しよう

片づけといってもいろいろなものをひと箱にしまっては、ただ放り込むだけです。つぎに探し出すには全部ひっくり返さなくてはなりません。

「これは必要だね」「これは赤ちゃんのだからもういらないね」などといいながら、子どもといっしょによく使うおもちゃと、あまり使わないおもちゃに整理・分類してみましょう。

さらに、種類別、あるいは子どもが運びやすい大きさ別におもちゃ箱を分けてもよいでしょう。おもちゃ箱は子どもが自分で出し入れしやすい場所と高さにしまいます。

おもちゃ箱を子どもとつくっても面白いでしょう。ちょうどよい大きさのダンボールの箱の上から好きな色紙を貼ってつくります。

この整理作業をいっしょにするだけでも、子どもの片づける意欲がちがってきます。「乗り物はこの箱ね」「ブロックはこの箱よ」「お人形さんはここの棚に並べようね」と確認しながら、すっきりと片づけやすい環境をつくってあげると、片づけが楽しくなります。

### ポイント3 ゆとりをもって片づけさせる

「さあ、お片づけよ」というとすぐにとりかかる子どもなんてそうはいません。時間がかかります。

手伝いながら、励ましながら、ときには「片づけないなら捨てますよ」と本気で捨ててもよいでしょう。そして「今日はきれいに片づけられたわね」などとほめながら、根気よく繰り返すことで、自分がやらないといけないのだと気づくでしょう。

出かけるときに大人の都合で急に片づけさせようとしても、そうはいきません。あらかじめ「時計が○○になったら出かけますよ」と伝えておくとよいでしょう。そして「そろそろ片づけて△△に出かける時間よ」と目的意識を持たせます。先が見通せると、自分でけじめをつけて次の行動に移ることができるのです。

子育てコラム

## 長男には細かいことまで気になって、つい先回りしてやってしまう。長男、長女ばかり叱ってしまい、次男、次女に甘くなる

第一子はだれでもはじめての子育てなので、すべてのことが気になり、親の思い通りに育つようにと子どもにあれこれ要求してしまいがちです。そして、その期待がはずれると、つい叱ってしまうという悪循環に陥ってしまうのです。

でも、それまでの子育てを通して成長する姿を見てきているのですから、2、３歳をすぎたら、少しずつ、子どもが自分でやれることはやらせて見守るようにしていきましょう。母親が必要以上に関わり続けると、子どもは親をうるさがるようになるか、ますます親に依存するようになるかのどちらかです。お母さんが手を出さないでも、自分でできたらたくさんほめて、いっしょによろこんであげましょう。それまでの関わりで、きっとお母さんを信頼する気持ちは豊かに育っていることだと思いますから、お母さんが一歩引いた立場で見守るようになっても、子どもが不安がることはないでしょう。

それに対して、下の子の場合、親にも子育ての経験があって余裕を持つことができます。子どものほうも上の子を見ているので、叱られないですむように要領のよさを身につけています。ですから、どうしても下の子には甘くなりがちです。ですがその分、上の子と同じようには手をかけられなかったり、目が行きとどかなかったりすることもあります。

少なくとも、どの子もお母さんに愛されていると思える関わり方をしてあげる必要があります。ただしそれは、同じようなことばをかけなければならない、同じようなほめ方をしなければならない、というわけではありません。平等に愛するということは、それぞれの子どもの性格に合った関わり方をするということなのです。

どの子に対しても、その子に合ったしかたで愛してあげられれば問題ありません。

かいせつ

# 発達と能力に応じたしつけが子どもの自信とやる気を育てる

いま、就学前の子どもを抱えておられるお母さん方の多くは、子育てやしつけの問題についていろいろな悩みをお持ちではないかと思います。しかし少なくとも、子どもの発達と各時期に芽ばえはじめた能力とにふさわしいしつけ方をしていれば、子どもは自分でいろいろな問題に対処し、克服することができるようになっていきます。

実際、大人が子どもの発達についてよく理解し、各時期に子どもの自発的な活動に対して共感的なしかたで接していくならば、子どもにもっとも適切な子育てが実現されることになります。

では、子どもの発達とは一体どのようなものなのでしょうか。

## 子どもの発達とは

普通、子どもの発達は、ちょうど植物の種が芽を出し、葉をつけ、穂を実らせるように、子どもの神経組織が自然に成熟していくにつれて進行するものだと考えられています。そこで、成熟した時点でそれにふさわしいしつけをすることが大切であって、未成熟な状態でのしつけは効果がないとみなされることになります。こうした考え方を「成熟優位の発達観」といいます。

一方で、まわりの環境や教育のしかたが異なると、子どもの発達もかなりちがってくることがわかっています。大人が何らかの教育的なはたらきかけをすることによって、子どもをその社会にとって望ましい方向に発達させていくことができるのです。

ここから、人間として望まれる行動は、成熟以前にしつけなければならないという考えが生まれます。この考えを押し進めたものが、時期を問わず、いつでも子どもに学習させることで発達を促進できるという考え方です。この考え方を「訓練優位の発達観」といいます。

この2つの発達観は、正反対の立場にあるように見えますが、共通点もあります。それは、どちらの発達観も子どもの主体性を考えずに、子どもを成熟や訓練に支配される受け身的な存在としてとらえていることです。

じつは、子どもは大人からのはたらきかけに対して受け身的な反応をするだけではなく、誕生以来、自ら周りの環境にはたらきかけながら発達していく能動的な存在なのです。

ただし、子どもの主体的な行動を持続させるためには、子どもの行動に周りがしっかりと応答する必要があります。周りから応答があると、子どもはやりがいを感じ（これを「効力感」といいます）、周囲への興味も高まって、はたらきかけの意欲をますます高めます。こうして子どもは発達していくのです。反対に、周りからの応答がなければ、無力感に陥るため、はたらきかけが減り、正常な発達が妨げられることになるでしょう。

このように、ほんらい発達とは、子どもと周りの環境との相互作用によって進行するものなのです。

さらに、子どもは応答的に関わってくれる人や物に対して、好感を持ちます。子どもがお母さんにとくに愛着を感じているのはそのためです。この点で、お母さんの存在は、子どもの発達にとってきわめて大切なのです。子どもはお母さんが近くにいれば、はじめての環境に対しても不安なくはたらきかけることができますし、あたらしい人とも安定した人間関係をつくっていくことができるのです。

## 子どもの年齢と発達的特徴

では、子どもの行動や周りへのはたらきかけに対して、お母さんはどのように応答すればよいのでしょうか？　そしてそれをしつけにどう結びつけていけばよいのでしょうか。

このことを考える際、ぜひ理解しておかなければならないのは、子どもの発達の特徴です。そこで、年齢ごとにその特徴をあげておきましょう。

**〔1歳児〕**

ハイハイしたり歩いたりできるようになるため、行動範囲がぐんと広がります。そしてはじめて出会うものにさわったり、口に入れてなめてみたりすることで、物の性質を理解したり、それを利用したりします。

2歳に近づくにつれて、ことばもかなり覚えていきます。もちろん、まだ十分に使いこなすことはできませんが、大人が身ぶり手ぶりを交えて話せば、多くの場合、それを正しく理解することができます。

**〔2歳児〕**

目の前にない物についても頭のなかでイメージを描いて、それを動作で再現できるようになりはじめます。自分がいろいろな人や物になったつもりで遊べるので、ひとりで遊ぶ姿が見られるようになります。大人の行動をまねするようにもなりますが、それは、子どもの「お母さんになった（お父さんになった）つもり」の精一杯の表現なのです。

ことばはつたないながら、何とか相手に伝えられるようになっていきます。また、自分のやったことの結果を予測できるようになるので、意図と期待をともなった行動も多くなっていきます。

### 〔3歳児〕

自分ひとりでできることがますます増えるので自信がつき、新しいことへの挑戦意欲もいっそう高まります。何でもひとりでやりたがり、お母さんの干渉が邪魔になります。その干渉が子どもの意図と衝突すると、子どもは反抗してお母さんの手を焼かせることになります。

しかしこの反抗は、自我意識の芽ばえを示すものなのですから、これを大人が無理解に抑えてしまうと、自我の成長の根を枯らし、消極的ないじけた子どもにしてしまう危険があります。子どもの意図を推察して、自己主張を正しく理解してやりましょう。

子どももやがて、反抗だけでは物事を解決できないことに気づき、自分の欲求の表し方や、行動のしかたを学んでいきます。自分の欲求を自分で抑えてがまんする力、つまり自制心が芽ばえてくるのです。

### 〔4歳児〕

3歳児の自制心には限度があって、自分がやり出したことや、楽しいことを途中で止めることはできにくいようです。しかし4歳になると、やり続けたい気持ちを抑えることもできるようになります。しかも大人からむりやりがまんされられるのではなく、自分で自分にいい聞かせて納得しながらがまんできるようになるのです。

このことは、約束を守ったり、順番を待ったり、譲り合ったりしなければならない集団生活を可能にします。逆に、家ではがまんできなかった子どもも、集団生活を経験することによって、少しずつがまんできるようになっていきます。このように、集団生活は子どもの自制心を育てる上でも有益な場なのです。

### 〔5歳児〕

この年齢でとりわけ注目すべきことは、ことばの発達です。友だちとのやりとりが活発になるにつれて、ことばの意味や表現が共通になり、お互いに気持ちをうまく伝え合うことができるようになります。

4歳ころまでは会話がうまくつながりません。互いに勝手にしゃべり合うような自己中心的な場面も多く、そのためけんかも絶えませんでしたが、この時期になると、相手に合わせながら、話題に即して話せるようになります。もちろん、ことばだけではいい表せないこともよくあります。しかしそうしたときでも、伝えたいことを表情や動作で補いながら、精一杯表現しようとするのです。

さらに、ことばを人に対してだけではなく、自分自身に対しても使うようになります。つまり、ことばを使って考える能力が発達しはじめたのです。

注意深く観察していると、この時期の子どもは、物事に夢中になってとり組んでいるときに、さかんにひとりごとをいっていることに気づきます。これは自己中心的なことば（幼児が会話するとき、相手がわかるかどうかを気にかけないで使うひとりよがりなことば）ではなく、自分の内側で自問自答するという思考活動の表れです。

ですからこの時期になると、子どもは自分の行動をコントロールするのに、ことばを役立てることができるようになります。「お利口にするよ」とひとりごとをいうなど、いま自分がやるべきことを自分にいい聞かせることができるのです。

やがて、子どもはひとりごとをあまりいわなくなりますが、それは黙っていても、頭のなかでことばを使って考えられるようになるからです。

## 子どもに自信を持たせる

このように、子どもはそれぞれの年齢ごとに特徴を示しながら発達していきますが、どの時期でも、子どもは芽ばえはじめた能力を精一杯使って能動的に周りの環境にはたらきかけているのです。

この能動性には大きな可能性が秘められています。ですから、周りの大人は、それぞれの時期にふさわしい活動を、子どもに十分におこなわせることが大切です。そのとき、周りからの適切な応答がかかせません。子どもは十分な応答を得てはじめて、自分の行動の意味がわかるからです。

とりわけ、達成感を味わうことのできる応答が多いほど、子どもは活動的になります。子どもの自発的な行動のなかには、子どもの発達にとって有意義なものが多く含まれています。そのようなよい面に気づいたら、たくさんほめ、子どもに自信を持たせましょう。子どもはほめられるとますますやる気を出して、その活動にとり組もうとします。反対に、叱られたり、無視されたりすると、自信を失い、やる気がなくなります。そしてそれがつづくと、無気力な状態になったり、問題行動を起こしやすくなったりします。

つまり、望ましい子育てやしつけとは、子どもの悪い行動をただ厳しく叱るのではなく、子どもの発達と各時期に芽ばえはじめた能力とを考慮にいれながら、よい行動をほめて自信を持たせ、やる気を育てて、その行動がうまくできるように援助することなのです。

滝沢　武久

## ■監修者

**滝沢武久**（たきざわ　たけひさ）

1931年生まれ。元・大妻女子大学教授。
東京大学教育学部教育心理学科卒業後、
同大学大学院人文学研究科博士課程中退。
新潟大学助教授、電気通信大学教授、
大妻女子大学教授を経て、電気通信大学名誉教授。
専攻は、教育心理学、発達心理学、健康心理学。

**主な著書に、**

『子どもの思考力』（岩波書店）、『子どもの思考と認知発達』（大日本図書）、『ピアジェ理論の展開』（国土社）、『子どもの発達と教育４　話しあい、伝えあう』（金子書房）、『０歳からのことば育てと子どもの自立』（監修、合同出版）など多数。

## ■編著者

**ことばと保育を考える会**（代表：村田和子）

保育者、大学教員らを中心とした、乳幼児期のことばと発達を考える研究会。「幼児言語研究会」を前身として、2001年に発足。幼稚園や保育園など、集団生活における子どものことばと行動を、体験やイメージとことばの育ちの関係から分析し、現場での保育実践に活かしている。

**●事務局連絡先**

〒132-0031　東京都江戸川区松島4-34-2　新小岩幼稚園内
TEL03(3651)0963　FAX03(5607)3181

## ■執筆者

**向田まり子／内田宏和**（緑園なえば保育園）**／藤田淳志**（苗場保育園）
**三浦昭子／菊井真理**（白金幼稚園）
**高橋恵子**（なかの幼稚園）
**岡田たつみ**（調布多摩川幼稚園）
**千葉優子／森永博子／門根有美枝**（新小岩幼稚園）
**大山美和子**（白梅保育園）
**村田和子**（元・調布多摩川幼稚園）

# 1歳からはじまる
# 困ったわが子のしつけと自立

## ベテラン先生が教える49の子育てノウハウ

2008年7月25日　第1刷発行
2009年9月10日　第2刷発行

監修者　滝沢武久
編著者　ことばと保育を考える会
発行者　上野良治
発行所　合同出版株式会社
東京都千代田区神田神保町1-28
郵便番号　101-0051
電話　03(3294)3506
振替　00180-9-65422

イラスト　池田かえる
カバーデザイン　六月舎＋佐藤 健
印刷／製本　新灯印刷株式会社

■刊行図書リストを無料進呈いたします。　■落丁乱丁の際はお取り換えいたします。


ISBN978-4-7726-0419-2　NDC599　128p　210×148